LA INICIATIVA TIMOTEO

Discípulos Haciendo Discípulos
Nivel 1
Edición EUA

Editado por el personal de LIT
18.6.20

"Lo que oíste de parte mía mediante muchos testigos, esto encarga a hombres fieles que sean idóneos para ensenar también a otros".

2 Timoteo 2:2

Información de Contacto de LIT:

ttiusa@ttionline.org

Sitio de Internet de LIT EUA:

usa.ttionline.org

DHD Nivel 1 (Edición EUA)
Esta edición fue publicada por La Iniciativa Timoteo

Para información:
La Iniciativa Timoteo
P.O. Box 98177
Raleigh, NC 27624

Agradecimientos

Apreciamos y honramos profundamente a los incontables plantadores de iglesias y hacedores de discípulos de LIT en todo el mundo. Su fidelidad, compromiso y arduo trabajo son una inspiración para todos y han sido un ingrediente clave para mejorar este manual. Además, nos gustaría reconocer al equipo editorial que contribuyó directamente a esta edición revisada: Fregy John, Moses Liancuh, Koudjoga Nenonene, Reji Dineep, Jared Nelms, Solomon Yero, Pat Robertson, David Nelms, Samuel Selvamony, Krishna Ghimire, Daniel Boro, Kevin Marsico, Matt Tumas, Kasey Channita, y muchos otros más que contribuyeron a simplificar y hacer más práctico este manual. También agradecemos a Tammy Randlett por sus esfuerzos editoriales.

Hemos sido bendecidos por las siguientes personas y ministerios por su carácter piadoso, liderazgo, visión e inspiración, que contribuyeron en la formación de este manual:

- Dr. George Patterson y *la Guía de Multiplicación de Iglesia* de Richard Scoggins
- Curtis Sergeant, Ying Kai, y *T4T*
- Bruce Bennett y Una Misión en Sudáfrica por su manual *Movilizando Miembros*
- Manual sobre la *Oración, Cuidado, y Participación* de Cruzada Estudiantil y Profesional para Cristo
- Dr. Alex Abraham y Operación Ágape del Instituto Josué in Asia
- David Watson y principios de *Estudio Bíblico por Descubrimiento*
- Nathan Shank y *Cuatro Campos del Crecimiento del Reino* y East West por su diseño de los 4 Campos
- Jimmy Scroggins y Los Tres Círculos
- *Más: Encontrando su llamado personal* de Todd Wilson
- *Caminata espiritual: El poder extraordinario de Los Hechos para la gente común* de Steve Smith

Tabla de Contenidos

Bienvenida, Introducción, y Misión
Discípulos Haciendo Discípulos - Nivel 1

¿Qué es La Iniciativa Timoteo?

La Iniciativa Timoteo (LIT) es un movimiento internacional para hacer discípulos y plantar iglesias. LIT se estableció con el propósito de entrenar y multiplicar a los hacedores de discípulos y plantadores de iglesias en todo el mundo.

¿Cuál es la Misión de LIT?

La misión de LIT es avanzar en el Reino de Cristo multiplicando discípulos e iglesias que hacen discípulos en todo el mundo.

¿Cuál es la Visión de LIT?

En obediencia a Jesús y a través de las alianzas del Reino, la visión de LIT es ver la multiplicación de iglesias que hacen discípulos en cada lugar y grupo de personas.

Breve historia de LIT

LIT originalmente se llamaba "Proyecto India," puesto que la India fue donde comenzamos. No fue sino hasta 2009 que nos decidimos por el nombre La Iniciativa Timoteo. A partir de allí, LIT se expandió a través de Asia, África, y las Américas. ¡Actualmente, LIT ha plantado decenas de miles de iglesias en 42 países y se ha comprometido a continuar entrenando a los hacedores de discípulos!

Meta: ¡Equipar a las personas comunes para que reciban el poder del Espíritu Santo y participen en una misión extraordinaria!

Valores principales de un Movimiento que Hace Discípulos

1. **Enfoque en el Reino**… Todo se trata del Rey de reyes y su Reino, por lo que compartimos el trabajo y le damos el crédito a Dios.

2. **Dirigidos por el Espíritu - Basados en las Escrituras**: El Espíritu Santo y las Sagradas Escrituras son nuestras guías en la plantación y multiplicación de iglesias.

3. **Integridad Primero:** Dios valora la integridad… nosotros también.

4. **El Hacer Discípulos conduce a la Plantación de Iglesias:** la mejor manera de plantar iglesias es haciendo discípulos.

5. **La Oración es prioridad:** Oramos durante todo el proceso de planificación y plantación de iglesias.

6. **Las personas importan:** Todas las personas son importantes para Dios, por lo tanto establecemos contacto con todos – tribus grandes y pequeñas, grupos de personas, ciudades urbanas, aldeas remotas, ricos, pobres… ¡todo el mundo!

7. **Impulsados por la fe:** Queremos darle gloria a Dios. Si no se involucra la fe, no hay gloria para Dios.

Estos son los valores principales de LIT y parte de lo que nos hace únicos. Le animamos a que los adopte en su propia vida y ministerio mientras busca levantar hacedores de discípulos que planten iglesias multiplicadoras.

Metas de entrenamiento

Capítulo 1: La meta del entrenador es inculcar en cada hacedor de discípulos la pasión de buscar diariamente una vida llena del Espíritu (desatando e izando sus velas).

Capítulo 2: La meta del entrenador es equipar y motivar a cada hacedor de discípulos para que reconozca y responda en obediencia a las oportunidades que Dios les da para compartir su historia. (La cosecha es abundante.)

Capítulo 3: La meta del entrenador es equipar y capacitar a cada hacedor de discípulos para compartir con eficacia la historia de Dios.

Capítulo 4: La meta del entrenador es brindar a cada hacedor de discípulos una perspectiva bíblica de su identidad en Cristo y cómo verse a sí mismos como Dios los ve.

Capítulo 5: La meta del entrenador es inspirar a cada hacedor de discípulos a buscar fervientemente una relación más profunda con Dios haciendo de la oración una prioridad a lo largo del día.

Capítulo 6: La meta del entrenador es fomentar en cada hacedor de discípulos el hambre de estudiar la Palabra de Dios, discernir su voz, y aplicarla a su vida.

Capítulo 7: La meta del entrenador es mostrar a cada hacedor de discípulos cómo crear una rutina diaria para pasar tiempo en la Palabra de Dios, escuchar su voz, y obedecer inmediatamente lo que Él dijo.

Capítulo 8: La meta del entrenador es explicar el valor de entrenar a la siguiente generación al equipar a cada hacedor de discípulos para que dirija con seguridad un Estudio Bíblico por descubrimiento.

Capítulo 9: La meta del entrenador es ayudar a cada hacedor de discípulos a tener un entendimiento bíblico de Dios y cómo puede responder mejor a cada situación en su vida.

Capítulo 10: La meta del entrenador es animar a cada hacedor de discípulos a comprometerse a vivir en la misión y participar de un cuerpo local de creyentes.

Propósito y resultados esperados

El propósito de este manual es entrenar, movilizar, y multiplicar a los hacedores de discípulos. ¡Al hacerlo, el Evangelio se propagará con rapidez! Creemos que cada creyente es un discípulo, y cada discípulo es llamado a ser un hacedor de discípulos. Es importante tener en cuenta algunas características distintivas claves al comenzar este entrenamiento:

La definición simplificada de LIT respecto a un hacedor de discípulos es la siguiente: **Un hacedor de discípulos es alguien que vive como Jesús y guía a otros a hacer lo mismo.**

Para los que les gusta amplificar, **un hacedor de discípulos es aquel que sigue fielmente al Espíritu de Dios, obedece amorosamente la Palabra de Dios, e invierte intencionalmente en la expansión de la familia de Dios al entrenar a otros a hacer lo mismo.**

El entrenamiento en este manual está diseñado para producir los siguientes resultados en la vida de quienes están siendo entrenados:

Capítulo 1: Cada hacedor de discípulos experimentará una vida llena del Espíritu (desatando e izando sus velas diariamente).

Capítulo 2: Cada hacedor de discípulos compartirá regularmente su historia sobre cómo Jesús cambió su vida con las personas donde vive, trabaja, estudia, compra y juega.

Capítulo 3: Cada hacedor de discípulos hará discípulos compartiendo regularmente la Historia de Dios donde vive, trabaja, estudia, compra y juega.

Capítulo 4: Cada hacedor de discípulos se mantendrá firme en la seguridad de su salvación, que solo Cristo es suficiente.

Capítulo 5: Cada hacedor de discípulos experimentará una vida saludable de oración dirigida por el Espíritu Santo y la Palabra de Dios.

Capítulo 6: Cada hacedor de discípulos leerá y estudiará fielmente la Palabra de Dios para discernir mejor Su voz y tener el valor de obedecer todo lo que Dios diga.

Capítulo 7: Cada hacedor de discípulos dedicará tiempo todos los días para pasar con Dios, esto incluye la lectura de su Palabra, la oración y responder en obediencia.

Capítulo 8: Cada hacedor de discípulos reunirá a un grupo de nuevos creyentes o "pre-cristianos" para guiarlos a través de un Estudio Bíblico por descubrimiento para que puedan comenzar a leer la Palabra de Dios, escuchar su voz, y responder en obediencia.

Capítulo 9: Cada hacedor de discípulos tomará decisiones y hará elecciones basadas en una comprensión bíblica de quién es Dios y cómo es Él.

Capítulo 10: Cada hacedor de discípulos se convertirá en un participante activo de un cuerpo local de creyentes comprometidos con los propósitos de Cristo y su iglesia.

Terminología Básica para el Nivel 1

- **Centro de Capacitación:** Un lugar donde se realiza el entrenamiento, el aprendizaje, y la planificación (por lo general en una iglesia o casa).

- **Pablo:** El mentor y entrenador principal. Los Pablos hacen una demostración de las habilidades pastorales mientras trabajan con los Timoteos. Los Pablos ayudan intencionalmente a los Timoteos a hacer discípulos y los hacen responsables de continuar a través de múltiples generaciones.

- **Timoteo:** Un hacedor de discípulos y entrenador. Los Timoteos son responsables ante su Pablo y están entrenados para traer nuevos creyentes a Cristo, discipularlos, y guiarlos a hacer lo mismo. Los Timoteos ayudan intencionalmente a estos nuevos creyentes (los Titos) a hacer discípulos y los hacen responsables de continuar a través de múltiples generaciones.

- **Tito:** Un nuevo creyente que es identificado específicamente por un Timoteo para ser entrenado y ser un hacedor de discípulos. Los Titos son responsables ante los Timoteos y son entrenados por ellos para traer nuevos creyentes a Cristo, discipularlos y guiarlos a hacer lo mismo.

Filosofía y estrategia de entrenamiento de LIT

Filosofía

LIT cree que el aprendizaje y la acción van de la mano. Ambos deberían conducir a entrenar a otros, los cuales después puedan entrenar a otros. Asimismo, la obediencia es una parte fundamental del discipulado; no deberían separarse.

Con esto en mente, todos los materiales de entrenamiento producidos por LIT no tienen una finalidad únicamente educativa; se espera que cada hacedor de discípulos ponga en práctica lo que aprende en su vida personal y en su ministerio. Al asociarnos juntos, bajo la guía y dirección del Espíritu Santo, ¡Él nos proporcionará a cada uno de nosotros todo lo que necesitamos para darle gloria y traer a los perdidos a su Hijo, Jesús!

LIT trabaja con iglesias y líderes para comenzar a hacer discípulos en Centros de Entrenamiento. Por lo general, el entrenamiento se lleva a cabo en edificios de iglesias existentes o en casas donde los participantes reciben entrenamiento práctico sobre cómo hacer discípulos de Jesús, quienes a su vez harán más discípulos de Jesús. Todas las tareas se centran en el crecimiento espiritual, evangelismo, y en hacer discípulos. Para los interesados, Discípulos Haciendo Discípulos - Nivel 2 ofrece el entrenamiento adicional sobre el establecimiento de micro-iglesias.

Estrategia

Entrenar a los hacedores de discípulos a hacer discípulos donde viven, trabajan, estudian, compran, y juegan. En este manual, se anima a cada hacedor de discípulos a comenzar de inmediato a reunirse y desarrollar intencionalmente a cualquier nuevo creyente que guíe a Cristo. También se les anima a enfocarse en creyentes que no estén haciendo discípulos.

- El entrenamiento está centrado en Cristo y basado en la Biblia.
- El entrenamiento es relacional y no formal (mentoría).
- El entrenamiento es intencional, simple y reproducible.
- El entrenamiento a menudo se lleva a cabo en una iglesia local u hogar.
- El entrenamiento se basa en la obediencia y puede aplicarse inmediatamente a la vida del hacedor de discípulos.

<u>Cada entrenamiento debería incluir</u>

1. **Mirar hacia Atrás** da a todos la oportunidad de compartir y escuchar lo que está sucediendo en sus vidas. Esto brinda una oportunidad para animar, celebrar y rendir cuentas. Mirar hacia atrás también permite identificar los desafíos, corregir el rumbo y medir el progreso. Finalmente, brinda la oportunidad de conectarse nuevamente con los valores centrales, la misión, la visión, y el propósito del entrenamiento.

2. **Mirar hacia Arriba** refuerza nuestra pasión de amar a Dios y a los demás. Pasar tiempo en oración y en la Palabra de Dios proporciona alimento a nuestras almas e inspiración para continuar. Esto ofrece una oportunidad para que cada hacedor de discípulos continúe aprendiendo y creciendo en liderazgo a la semejanza de

Cristo. El ministerio está alimentado por nuestra relación con Dios. La apropiación de los valores centrales, de la misión y la visión sólo ocurrirá si permanecemos conectados en una relación con Jesús.

Escuchar a Dios y responder a su Palabra es el objetivo principal de mirar hacia arriba. Después que cada lección haya sido enseñada, tome un tiempo para orar y reflexionar para que cada persona identifique exactamente lo que Dios les está llamando a hacer. Una manera simple de hacer esto es invitar a Dios a hablar a su corazón y pedirle que le muestre las áreas de mayor obediencia a las que le está llamando.

3. **Mirar hacia Adelante** ofrece un plan de acción claro con cronogramas y expectativas de lo que se debe hacer a continuación. Los siguientes pasos se resumirán con las **declaraciones de "Yo Voy a"** que aportan claridad a lo que debe hacerse antes del próximo entrenamiento. Estos siguientes pasos se basan en lo que cada persona escucha de Dios, lo que Él les está llamando a hacer, y cómo pueden ponerlo en práctica en esta semana. Debería haber un fuerte compromiso de proseguir y rendir cuentas durante todo el proceso. Cada entrenador debería tomar nota de los compromisos hechos y pedir cuentas de su realización.

Seguir el ejemplo de Mirar hacia Atrás, Mirar hacia Arriba y Mirar hacia Adelante garantizará que cada entrenamiento cumpla con los propósitos específicos, metas y resultados diseñados. Esta simple estructura de grupo, con este material de entrenamiento y un buen entrenador, ayudará a cada hacedor de discípulos a crecer en sus **Creencias, Habilidades y Valores.**

Creencias, Habilidades, y Valores

Como discípulo y hacedor de discípulos, existen creencias esenciales, habilidades y valores que deberíamos comprender y desarrollar para ayudarnos a crecer y vivir como seguidores maduros de Jesús. Podemos definir esto de manera simple:

- **Creencias**: Los principios bíblicos y conocimientos que desarrollan una base firme, que conducen a un estilo de vida lleno del Espíritu, lleno de fe y de amor.
- **Habilidades**: Los hábitos, patrones, y el estilo de vida que desarrollamos, los cuales nos ayudan a crecer y a vivir como discípulos maduros y hacedores de discípulos.
- **Valores**: El latir del corazón y anhelos que reflejan un estilo de vida de obediencia como discípulos maduros y hacedores de discípulos.

Cada capítulo de este libro está diseñado para ayudarnos a mejorar nuestro entendiendo de las Escrituras y cómo aplicar esas verdades a nuestra vida. Los compromisos de "Yo Voy a", tareas, y Mirar Hacia Atrás y Mirar Hacia Adelante nos hacen responsables para crecer como discípulos y hacedores de discípulos. Un buen entrenador con materiales de entrenamiento completos, buenas prácticas, y un proceso reproducible nos ayudará a convertirnos en discípulos maduros que pueden ser hacedores de discípulos.

Capítulo 1 Guía del Entrenador
La vida cristiana llena del Espíritu

Meta de entrenamiento (Latido del corazón): Inculcar en cada hacedor de discípulos la pasión por alcanzar una vida llena del Espíritu (desatando e izando sus velas).

Resultado esperado: (Habilidad/Hábito): Cada hacedor de discípulos experimentará una vida llena del Espíritu (desatando e izando sus velas diariamente).

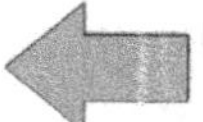 ## Mirar hacia atrás

Revise la misión, visión, y los valores principales de LIT.

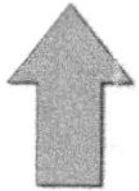 ## Mirar hacia arriba

Este capítulo se enfoca en cómo vivir la vida cristiana llena del Espíritu, lo que a menudo se conoce como vida cristiana victoriosa. A medida que entrena a sus discípulos a través de este capítulo, asegúrese de enfocarse en estos conceptos claves:

- Comience en completa dependencia del Espíritu Santo y reconozca que el Espíritu de Dios es el fundamento sobre el cual se debe construir este entrenamiento. Con esto en mente, entrene de manera que cada hacedor de discípulos dependa del Espíritu de Dios en su vida cotidiana.
- Enfatice cómo Dios siempre está trabajando, y que sin Su Espíritu, somos impotentes y no podemos hacer nada.
- **¡Recuerde enfatizar el resultado esperado y el principio clave!**
- Promueva la memorización de versículos claves de las Escrituras.
- **Escuchando a Dios:** Al final de este capítulo tome un tiempo de reflexión y oración silenciosa, buscando específicamente lo que cada persona debería hacer en respuesta a lo Dios está hablando a su corazón.

Discusión de grupo: Dialoguen sobre cómo se siente saber que Dios nos invita a asociarnos con Él en la transformación de vidas. ¿De qué manera siente que el Espíritu Santo impulsa sus acciones, actitudes y pensamientos? ¿Cómo puede permanecer sensible a la guía del Espíritu Santo cuando le conecta con las personas que el Padre está conduciendo a Jesús?

Modelo y práctica: Demuestre cómo desatar e izar sus velas. Comparta un ejemplo específico de cuando Dios usó un pequeño acto de fe (izando su vela) para lograr un asombroso encuentro con alguien que estaba siendo conducido a Jesús.

 ## Mirar hacia adelante

Antes de revisar los pasos de acción del capítulo, haga una pausa y responda en oración las siguientes preguntas:
- ¿Cómo le está hablando Dios a su corazón hoy?
- ¿Cómo le está llamando Dios a una mayor obediencia?
- ¿Qué hará hoy y esta semana en respuesta a la voz de Dios?

*Al mirar hacia adelante, recuerde tomar nota del compromiso de cada uno, a fin de que rindan cuentas. Es útil que cada persona identifique lo que planea hacer iniciando sus compromisos con la frase; **"Yo voy a"** o "Esta semana voy a___." Hacer esto hará que la declaración sea más significativa y que el seguimiento sea más medible. Cada entrenador debería considerar mantener un diario de "Yo voy a..." o encontrar otra forma práctica de anotar los detalles para que las cosas sean fáciles de citar de una semana a la otra.

Pasos de acción para este capítulo:
- Escriba las declaraciones de "Yo voy a" en el diario del capítulo en la página 20. Asegúrese de compartir semanalmente su compromiso con el grupo y/o el entrenador para que ellos le pidan cuentas.
- Comience cada día pidiendo al Espíritu Santo que lo llene, para que tome el control de su vida.
- Memorice *Hechos 1:8.*
- Lea un capítulo de Hechos cada día durante los próximos 28 días.

- Pida al Espíritu Santo que le conecte con un pre-cristiano en esta semana. Trate de identificar activamente quién es esta persona. Cuando encuentre a esta persona, comparta con ella cómo el amor de Dios ha cambiado su vida. **Esté listo para informar a su entrenador con quién compartió y lo que sucedió.**
- Bajo la guía del Espíritu Santo, comience a hacer una lista de los posibles pre-cristianos (agregue sus nombres en la página 31).

Capítulo 1
La vida cristiana llena del Espíritu

Resultado esperado: Cada hacedor de discípulos experimentará una vida llena del Espíritu (desatando e izando sus velas diariamente).

La importancia del Espíritu Santo para el discípulo

En *Juan 14:16-17*, Jesús prometió el Espíritu Santo a sus discípulos

"Y yo rogaré al Padre y os dará otro Consolador, para que esté con vosotros para siempre. Este es el Espíritu de verdad, a quien el mundo no puede recibir, porque no lo ve ni lo conoce. Vosotros lo conocéis, porque permanece con vosotros y está en vosotros".

En este pasaje, observamos lo siguiente:
- El Padre envió al Espíritu Santo a petición de Jesús.
- Jesús describe al Espíritu Santo como un "Consolador" y "el Espíritu de verdad".
- El Espíritu Santo estará con nosotros para siempre.
- Sólo los seguidores de Jesús pueden recibir al Espíritu Santo.

 **Actividad de grupo:** Lean juntos *Juan 16:7-15*.

Este pasaje demuestra que es más importante ser lleno del Espíritu Santo que estar físicamente junto a Jesús.

Concéntrese en *Juan 16:7-10*. Jesús también explicó que el Espíritu Santo convencerá al mundo con respecto a tres áreas:
- El pecado del mundo.

- La justicia de Dios.
- El juicio venidero.

En Juan 16:13-15, Jesús revela que el Espíritu Santo será nuestro guía y nos guiará a toda verdad.

Sea lleno del Espíritu

Siendo que el discípulo de Jesús es guiado y dirigido por el Espíritu Santo, es importante que sea lleno de Él. Saber lo que significa ser *"lleno del Espíritu"* es una de las claves para vivir una vida cristiana victoriosa y plena. Hay muchas verdades acerca de ser lleno del Espíritu que debemos recordar:
- Es una orden, no una sugerencia.
- No es algo que hagamos nosotros mismos, sino algo que Dios hace en nosotros.
- Necesitamos pedirle constantemente al Espíritu Santo que nos llene.

Tener al Espíritu Santo morando en nosotros y ser llenos del Espíritu Santo no es la misma cosa. La morada del Espíritu Santo ocurre en el momento de la Salvación *(Hechos 2:38, Romanos 8:9, 1 Corintios 3:16)*. El ser lleno del Espíritu, como se ordena en *Efesios 5:18*, significa ser controlado por el Espíritu Santo.

Cuando se convierte en cristiano, obtiene todo el Espíritu Santo, pero Él no obtiene todo de usted. Ser lleno del Espíritu Santo es el proceso de darle el control de nuestras vidas y someter nuestra voluntad a la suya. Somos controlados o bien por nuestros deseos pecaminosos o por el Espíritu Santo *(Romanos 8:5-6)*.

Desatando e izando las velas

Para vivir una vida llena del Espíritu, es vital que comience cada día pidiéndole al Espíritu Santo que lo llene—que tome el control de su vida. Una forma sencilla de hacer esto es adoptar hábitos que le prepararán y recordarán que siga la dirección del Espíritu Santo.

En *Juan 3:8,* Jesús describe al Espíritu Santo diciendo, *"El viento sopla de donde quiere, y oyes su sonido; pero no sabes ni de dónde viene ni a dónde va. Así es todo aquel que ha nacido del Espíritu".* Si el Espíritu Santo es como el viento, una manera fácil de entender lo que significa vivir una vida llena del Espíritu es pensar en nuestras vidas como un velero. Se necesitan hacer dos cosas con un velero antes de que el viento pueda llenar sus velas:

1. Debe desatar las velas.
2. Debe izar las velas.

Antes de que un velero pueda salir del puerto, las velas deben ser desatadas del mástil principal. Al desatar las velas, está dando el primer paso para preparar el barco para su viaje. Nuestros pecados son como las cuerdas que sujetan las velas al mástil. El pecado nos restringe cuando tratamos de seguir fielmente a Dios. Los pecados que no confesamos nos impiden ver las formas en que Dios quiere moverse en nuestras vidas.

Nosotros "desatamos las velas" confesando todos los pecados conocidos y entregando nuestras vidas nuevamente al Señor. Al confesar nuestros pecados, expresamos nuestra dependencia y necesidad de que Dios nos renueve cada día y prepare nuestro corazón para la dirección del Espíritu Santo. Una vida que está atada por el pecado y por su propio deseo de control no tendrá libertad para ser llenada por los vientos del Espíritu Santo *(Hebreos 12:1).*

Desatar las velas de un barco del mástil no es suficiente para dejar la seguridad de las costas. Para que las velas atrapen el viento, debemos "izar las velas". Cuando iza las velas, está abriendo su vida a la posibilidad de que el Espíritu haga algo grande mediante su obediencia. Al izar las velas, le dice a

Dios, "¡Estoy disponible! ¡Este barco es tuyo! Capacítame y dirígeme hacia las personas con las que quieres que comparta mi historia y tu historia. Ayúdame a seguir mejor al Espíritu, y a responder en obediencia".

Puede haber días y estaciones en los que sienta que su vela es demasiado pequeña para tener un impacto. ¡No permita que esto le impida izar su vela y dedicar su día a la dirección del Espíritu! Dios hará mucho más de lo que podríamos imaginar con pequeños actos de obediencia constante *(Efesios 3:20).*

¿Cuán diferentes serían sus interacciones y conversaciones con las personas si comenzara cada día desatando (confesando sus pecados) e izando sus velas (pidiendo al Espíritu Santo que le llene y le use)?

Modelo y práctica: Desatando e izando las velas

Más adelante veremos que uno de los pasos de acción es comenzar cada día pidiéndole al Espíritu Santo que lo llene, para tomar el control de su vida.

Su entrenador tomará un tiempo para demostrar cómo pedirle al Espíritu Santo que lo llene mediante desatar e izar sus velas. Su entrenador compartirá un ejemplo específico de cuando Dios usó su pequeño acto de fe (al izar su vela) para lograr **algo** grandioso en su vida o en la vida de otra persona.

Después de hacer esto, divídanse en grupos más pequeños para practicar. Identifique a una o dos personas de su grupo que puedan ser su compañero para rendir cuentas en todo este entrenamiento. Deles permiso para que le pregunten si está desatando (confesando sus pecados) e izando sus velas diariamente (pidiendo al Espíritu Santo que le llene y le use).

El Espíritu Santo en el proceso de Hacer Discípulos

Jesús discipuló a Sus doce seguidores por tres años. Los doce vivieron y ministraron con su Maestro, pero les dijo que era necesario que él se fuera para poder pedir al Padre que enviara al Espíritu Santo. Él les ordenó que esperaran en Jerusalén la promesa del Padre – la llenura del Espíritu Santo. ¿Por qué quería Jesús que los discípulos tuvieran al Espíritu?

"Pero recibiréis poder cuando el Espíritu Santo haya venido sobre vosotros, y me seréis testigos en Jerusalén, en toda Judea, en Samaria y hasta lo último de la tierra" (Hechos 1:8).

¡Jesús prometió que Sus discípulos **recibirían poder** al ser llenos del Espíritu Santo. El propósito de ser llenos del Espíritu Santo era capacitar a los creyentes para que fueran testigos valientes de Jesús. En todo el libro de los Hechos, la gente común fue guiada y capacitada por el Espíritu Santo, dando como resultado que las personas perdidas llegaran a la fe en Jesús y la gloria fuese dada a Dios. ¡La misma promesa es cierta para cada discípulo de Jesús hoy!

 **Principio clave: Dios el Padre está llevando constantemente a las personas a Jesús por medio del ministerio del Espíritu Santo. Él nos invita y <u>espera</u> que nos unamos a Él en ese proceso.**

 **Discusión de grupo:** ¿Cómo le hace sentir que Dios nos invita a asociarnos con Él en este proceso de transformación de vidas? ¿De qué manera siente que el Espíritu Santo impulsa su vida mediante sus acciones, actitudes y pensamientos? ¿Cómo puede permanecer sensible a la guía del Espíritu Santo cuando le pone en contacto con personas que el Padre está conduciendo a Jesús?

A medida que avanza en este entrenamiento, se le pedirá y será responsable de compartir su historia (Capítulo 2) y la historia de Dios (Capítulo 3) con las personas donde vive, trabaja, estudia, compra y juega. Algunas de estas personas serán familiares, amigos, vecinos, o compañeros de trabajo. Algunos serán completos extraños a quienes el Padre está llevando a Jesús.

Llamamos <u>pre-cristianos</u> a estas personas que el Espíritu Santo está llevando a Jesús. Ellos están a nuestro alrededor. El Espíritu Santo desea conectarnos con ellos. ¿Está listo? ¿Los está buscando intencionalmente? A menudo, estas personas serán usadas por Dios como "abrelatas" relacionales para alcanzar a sus amigos, parientes, y conocidos con el Evangelio del Reino. A veces estas personas catalizadoras se denominan "personas de paz". (Vea *Lucas 10 para este concepto*).

Recuerde, uno de los roles claves del Espíritu Santo es testificar acerca de Jesús. A medida que esté lleno cada día, Él lo conectará con personas a quienes ya ha estado conduciendo hacia Jesús. **¡No son nuestras estrategias o dones excepcionales los que cambiarán al mundo; sino la plenitud de Jesús en y a través de nosotros!** No confiamos en nuestras propias fuerzas y dones, sino que servimos a los demás con el amor que fluye del Espíritu Santo en nosotros. Nuestra dependencia del Espíritu Santo es la clave para una vida y una evangelización eficaz.

Pasos de acción para este capítulo:
- Escriba las declaraciones de "Yo voy a" en el diario del capítulo en la página 19. Asegúrese de compartir su declaración con el grupo/entrenador cada semana para que pueda rendirles cuentas posteriormente.

- Comience cada día pidiendo al Espíritu Santo que lo llene – para que tome el control de su vida.

- Memorice *Hechos 1:8.*

- Lea un capítulo de Hechos cada día durante los próximos 28 días. Mientras lo lee, medite en la siguiente declaración:

"Cada creyente es un discípulo, y cada discípulo es llamado a ser un hacedor de discípulos".

¿Qué características observa que los discípulos muestran en sus vidas y ministerios?

- Pídale al Espíritu Santo que le conecte con un pre-cristiano en esta semana. Busque identificar activamente quién es esta persona. Cuando Él lo haga, comparta cómo el amor Dios ha cambiado su vida. **Esté listo para informar a su entrenador con quién compartió y lo que sucedió.**
  - o Es posible que deba pedirle al Espíritu que lo llene varias veces durante el día *(1 Tesalonicenses 5:17-18).*
  - o Escriba todo lo que está escuchando de Dios en su diario de capítulo.
  - o Responda en obediencia a lo que está escuchando.
- Bajo la guía del Espíritu Santo, comience a hacer una lista de los posibles pre-cristianos (Agregue sus nombres en la página 33).

Estudio adicional para el mes:

Al leer un capítulo de *Hechos* cada día en este mes, preste mucha atención a la vida de los discípulos y cómo viven. Tome nota de cómo responden a las pruebas y la manera en que el Espíritu Santo les da poder. Los discípulos eran personas comunes, sin educación, e imperfectas, pero debido a que eran llenos del Espíritu Santo y obedientes a su dirección, pudieron realizar milagros increíbles. Tome nota que en cada milagro sucedido, ¡casi siempre tiene como resultado personas que ponen su fe en Jesús! Los discípulos son excelentes ejemplos de a quién debemos modelar nuestra vida y qué estamos llamados a hacer cuando hacemos discípulos.

Haga una lista de todas las acciones y atributos de los discípulos. Una vez que tenga una lista, considere su propia vida y cómo puede crecer para parecerse más a ellos.

Haga una lista de los diversos atributos que observa:

____

____

____

____

____

Una vez que haya hecho su lista, reflexione sobre las siguientes preguntas:

1. Como discípulo de Jesús, ¿cómo debería vivir?

2. ¿Hay algo de la vida de los discípulos que falta en mi vida? Dé ejemplos.

3. ¿Qué comportamientos, valores, y ajustes a la forma en que paso mi tiempo necesitan cambiar para ser más como Jesús? Haga una lista y compártala con alguien más.

Diario del capítulo

Esta podría ser una de las páginas más importantes del libro.

Yo Voy a: _______________________________

____

____

____

Yo Voy a: _______________________________

____

____

____

Yo Voy a: _______________________________

____

____

____

Yo Voy a: _______________________________

____

____

____

Notas:

Estudio adicional: El Espíritu Santo y la vida del creyente
Lea *Gálatas 5:16-25.*

Cuando estamos viviendo bajo el control del Espíritu Santo, Él nos capacita para vivir como Jesús. *Gálatas 5:16* nos habla de cómo al **rendirnos al Espíritu, Él nos dará el poder para vencer los deseos pecaminosos** (la carne). Esta verdad es la clave para vivir una vida transformada. El secreto para vencer nuestros deseos pecaminosos está relacionado con ser llenos del Espíritu Santo.

Gálatas 5:17-23 contrasta las diferencias entre los deseos/obras de la carne contra el fruto que proviene de una vida guiada y sometida al Espíritu Santo.

La naturaleza pecaminosa *(Fruto de la carne)*	La naturaleza del Espíritu Santo *(Fruto del Espíritu)*

Gálatas 5:24-25 dice que aquellos que pertenecen a Cristo han crucificado la carne con sus pasiones y deseos, y son llamados a vivir y a andar por el Espíritu.

- ¿Cómo ha experimentado la llenura del Espíritu Santo en su vida en esta semana? ¿Qué impacto ha tenido en su vida?
- Pregúntese, ¿De qué manera veo el fruto del Espíritu (amor, gozo, paz, paciencia, benignidad, bondad, fe, mansedumbre, y dominio propio) en mi vida? Explique.
- Cuando leemos las Escrituras, es importante pedirle al Espíritu Santo que le ayude a entender sus verdades y cómo puede aplicarlas en su vida. Comparta un ejemplo.

Meta de entrenamiento (Latido del corazón): Equipar y motivar a cada hacedor de discípulo para que reconozca y responda en obediencia a las oportunidades que Dios le da para compartir su historia, (La cosecha es abundante.)

Resultado esperado: (Habilidad/Hábito): Cada hacedor de discípulos compartirá regularmente su historia sobre cómo Jesús cambió su vida, con las personas donde vive, trabaja, estudia, compra y juega.

 ## Mirar hacia atrás

Dé a todos una oportunidad para compartir, escuchar de los demás, y rendir cuentas. Enfóquese en dar ánimo, celebración, y dar seguimiento a las tareas.

- **Obediencia:** Haga que <u>todos</u> informen sobre cómo cumplieron con sus declaraciones de "Yo voy a" y pasos de acción desde el último entrenamiento. ¿Todos cumplieron con lo que dijeron que harían? (Esto puede hacerse en un grupo grande o en grupos más pequeños). Es importante no avanzar con más entrenamiento si el anterior no se ha puesto en práctica. De manera intencional y amable, haga que le rindan cuentas a quienes entrena.
- Ejemplos de preguntas para hacer al mirar hacia atrás en el capítulo 1:
  - ¿Cómo el hecho de invitar al Espíritu Santo a llenar y controlar su vida diaria impactó la manera que vivió esta semana?
  - ¿Puede citar el versículo de memoria – *Hechos 1:8?*
  - ¿Fue capaz de comenzar a crear una lista de posibles pre-cristianos que Dios puso en su mente? ¿Cuántos hay actualmente en su lista?

- **Revisión:** Repase el resultado esperado y el principio clave del Capítulo 1. Resuma los puntos claves aprendidos del entrenamiento anterior.
- **Recuerde**: El entrenamiento es para entrenadores. Todo lo aprendido debería ponerse en práctica. También debe entrenarse a la siguiente generación.

 ## Mirar hacia arriba

Este capítulo se enfoca en compartir "Mi Historia". Mientras entrena a aquellos que está discipulando a través de este capítulo, asegúrese de enfocarse en estos conceptos claves:
- Entrene de manera que cada hacedor de discípulos sea capaz de compartir su historia de cómo Jesús cambió su vida. (Durante cada semana que mire hacia atrás, permita que las personas practiquen compartir su historia para que se sientan más cómodos compartiendo frente a otros).
- Enfatice cómo cada creyente es llamado a ser un discípulo, y cada discípulo es llamado a ser un hacedor de discípulos.
- **¡Recuerde enfatizar el resultado esperado y el principio clave!**
- Promueva la memorización de versículos claves de las Escrituras.
- **Escuchando a Dios:** Al final de cada capítulo, tome un tiempo de reflexión y oración silenciosa, buscando específicamente lo que cada persona debería hacer en respuesta a lo Dios está hablando a su corazón.

Actividad de grupo: Promueva la discusión al presentar los cuatro principios bíblicos que nos motivan a compartir el Evangelio. Divídalos en cuatro grupos y asigne un versículo a cada grupo. Permita que cada grupo presente sus conclusiones.

Modelo y práctica: Demuestre cómo compartir la historia sobre cómo Jesús cambió su vida. Muestre cómo iniciar una conversación espiritual utilizando preguntas y "momentos determinantes". Todos los demás también deberían practicar escribiendo y contando su historia, de manera individual y en grupos pequeños. ¡Dé a todos la oportunidad de compartir!

 ## Mirar hacia adelante

Antes de revisar los pasos de acción para el capítulo, haga una pausa y responda en oración las siguientes preguntas:
- ¿Cómo le está hablando Dios a su corazón hoy?
- ¿Cómo le está llamando Dios a una mayor obediencia?
- ¿Qué hará hoy en respuesta a la voz de Dios? Permita que cada persona comparta su declaración de "Yo Voy a".

Pasos de acción para este capítulo:
- Escriba nuevas declaraciones de "Yo Voy a" en su diario en este capítulo. ¿Qué hará hoy y en esta semana en respuesta a la voz de Dios?
- **¡Después de haber preparado su historia, ore, vaya, escuche y comparta!** ¡Dé pasos valientes de fe! Pida la pasión de Dios para alcanzar a los perdidos. Pídale al Espíritu Santo que también le guíe a los pre-cristianos.
- **Durante la semana**: Comparta su historia de manera intencional con al menos una persona de la lista de nombres que hizo en la página 33 (y cualquier otro pre-cristiano que encuentre). Esté listo para informar a su entrenador con quién compartió su historia y lo que sucedió.
- **Comunique sus planes a su compañero de rendición de cuentas, incluyendo con quién, cuándo, dónde y cómo compartirá su historia en esta semana.**

Capítulo 2
Mi Historia

Resultado esperado: Cada hacedor de discípulos compartirá regularmente su historia de cómo Jesús cambió su vida, con personas donde vive, trabaja, estudia, compra y juega.

Como seguidor de Cristo, usted es un hijo de Dios y miembro de la familia de Dios. Puede orar directamente a Dios, tener comunión, y puede pasar tiempo con Él en cualquier momento. Usted es un embajador de Cristo *(2 Corintios 5:20)*. La Gran Comisión le llama a difundir el Evangelio y a enseñarle a otros a obedecer todos los caminos de Dios *(Mateo 28:19-20)*. Cada creyente, cada miembro del cuerpo de Cristo, debe contribuir al crecimiento y la edificación de la Iglesia. Todos nosotros somos llamados a compartir las Buenas Noticias de salvación: ¡el Evangelio!

 **Principio clave: Cada creyente es llamado a ser un discípulo, y cada discípulo es llamado a ser un hacedor de discípulos.**

Hay cuatro principios bíblicos que nos motivan y demuestran la urgencia de compartir el Evangelio:

1. **El mandato del Señor Jesús:** *""Id por todo el mundo y predicad el evangelio a toda criatura" (Marcos 16:15)*.

2. **La realidad de la separación eterna de Dios:** La petición del hombre rico para compartir el Evangelio con su familia: *"Entonces te ruego, padre, que le envíes a la casa de mi padre (pues tengo cinco hermanos), de manera que les advierta a ellos, para que no vengan también a este lugar de tormento" (Lucas 16:27-28)*.

3. **El deseo personal de compartir el Evangelio porque mi vida ha sido transformada:** Cuando los discípulos fueron

amenazados por los Fariseos para que dejaran de hablar de Jesús, ellos respondieron, *"Porque nosotros no podemos dejar de decir lo que hemos visto y oído"* (Hechos 4:20; 1 Corintios 9:16-17; Hechos 9:16).

4. **El impulso y la dirección del Espíritu Santo hacia quienes están listos para recibir el Evangelio:** *"Pasa a Macedonia y ayúdanos"* (Hechos 16:9). La pasión del apóstol Pablo por alcanzar a los perdidos lo obligó a ir.

 **Discusión de grupo:** ¿Cuál de los cuatro principios le impacta o motiva más? Divídanse en grupos pequeños y compartan entre sí.

Imagine que hay una enfermedad que es incurable, y muchas personas están muriendo cada día. En repetidas ocasiones escucha noticias sobre lo desesperante de esta enfermedad. Ahora imagínese que alguien desarrolló una cura para esta enfermedad y optó por no dársela a todos. ¿Qué pensarían de este individuo las personas afectadas e infectadas? **¿Cómo se sentirían si supieran que la curación estaba disponible pero no pudieron acceder a la cura?** ¡Gracias a Dios que tenemos la cura! ¡Es Jesús!

No sólo deberíamos guiar a las personas a convertirse en seguidores de Cristo, sino también que lleguen a ser hacedores de discípulos. Al multiplicar los hacedores de discípulos, puede esparcir rápidamente el Evangelio. Desafortunadamente, la mayoría de los cristianos piensan que proclamar el Evangelio es el trabajo de los ministros profesionales (por ejemplo el evangelista, pastor, y misionero). La mayoría de los cristianos consideran que el "evangelismo" consiste en invitar a las personas a la iglesia y esperar que el pastor los guíe a dar sus vidas a Cristo. **¡Este no es el diseño de Dios! Cada seguidor de Cristo debería experimentar regularmente el gozo inmenso de compartir el amor de Dios con otros.** ¡Traer a otros a una vida de relación con Jesús es el llamado de cada discípulo! Cada miembro del cuerpo de Cristo es un ministro.

Considere el versículo del cual La Iniciativa Timoteo obtiene su nombre: *"Lo que has oído de mí en presencia de muchos testigos, esto encarga a hombres fieles que sean idóneos para enseñar también a otros"* (2 Timoteo 2:2).

Cada seguidor de Cristo puede y debería compartir su historia, sobre cómo Jesús transformó su vida, con sus vecinos, amigos, familia y redes de relaciones. Dios siempre honra la obediencia y fidelidad a Su Palabra.

 **Discusión de grupo:** ¿Por qué piensa que las personas no comparten sus historias del cambio que Jesús hizo en sus vidas?

La mayoría de los cristianos no comparten su historia o el Evangelio por algunas razones:

1. **Están asustados.** El que tiene toda autoridad en el cielo y en la tierra está con nosotros y promete que nunca nos abandonará cuando hacemos discípulos en obediencia a su mandato *(Mateo 28:19-20)*.

2. **No sienten la urgencia de compartir el Evangelio.** Alrededor del mundo, casi una persona por segundo muere sin saber de la oportunidad de la vida eterna que hay en Jesús *(Juan 4:21-38)*.

3. **No ven a las personas de la manera que Jesús las ve.** Su amor por Jesús no es lo suficientemente fuerte como para amar a otros y para ver a las personas como Jesús las ve. *(Mateo 9:36; 1 Corintios 9:16-17; 2 Corintios, 5:14)*. También puede sentir que no sabe con quién compartir. Tomar tiempo para considerar quién necesita oír el Evangelio es una tarea simple pero importante. En las siguientes páginas, tendrá la oportunidad de considerar con quién puede compartir.

4. **No saben cómo compartir el Evangelio.** Si esto le describe, comience por pedir al Espíritu Santo que le capacite para amar a Dios, amar a otros; a conducir y

guiar su vida y ministerio *(Romanos 8:9-11; Efesios 3:16, 5:18; Gálatas 5:16).* Algunas de las mejores personas con quien puede compartir el Evangelio son personas que usted ve de manera regular y ya tienen una relación personal con usted.

Discusión de grupo: Como grupo, haga una lista de todas las razones por las que la gente no comparte. Antes de seguir adelante, identifique las razones por las cuales usted no comparte su historia. Comparta esas razones con el grupo y pida su ayuda para superar esos miedos.

En *Lucas 10:2* Jesús dice, *"A la verdad, la mies es mucha, pero los obreros son pocos".* Usted es invitado y tiene el privilegio de ser la respuesta a la oración de alguien. ¿Se da cuenta de que Dios ya está obrando detrás de escena en la vida de las personas a su alrededor, preparando sus corazones para responder al Evangelio? ¿Está listo para asociarse con el Espíritu Santo y ser parte de la transformación de vidas por la eternidad?

Está claro que debería compartir la esperanza del Evangelio con sus vecinos, amigos, familiares, y la red de relaciones. Es por eso que queremos entrenarlo en cómo hacer esto de manera efectiva.

El poder de "Mi Historia"

Una historia bien elaborada de un cambio de vida es increíblemente poderosa. En nuestra cultura de tolerancia y aceptación de las diferencias de las personas, su historia puede ser una puerta abierta para iniciar una conversación espiritual. El compartir una historia puede ser una forma más fácil para compartir una verdad sin que resulte ofensiva porque es difícil discutir con la experiencia de otra persona. Dar información rara vez inspirará, pero una historia puede conectar y crear el deseo de escuchar más.

La meta de este capítulo es escribir una historia clara, concisa y eficaz que pueda compartir con aquellos a quienes desea presentar el Evangelio.

La forma básica de un testimonio

Para ayudarle a tener una mayor confianza al compartir su historia, este esquema básico puede ayudarle a comenzar. Le ayudará a estar mejor preparado cuando el Espíritu Santo le brinde la oportunidad de compartir su historia.

A medida que comience a compartir su historia, hay algunas cosas muy importantes que pueden ayudar a que su historia llegue a un terreno más fértil. Estos son los aspectos claves para compartir su historia de manera eficaz.

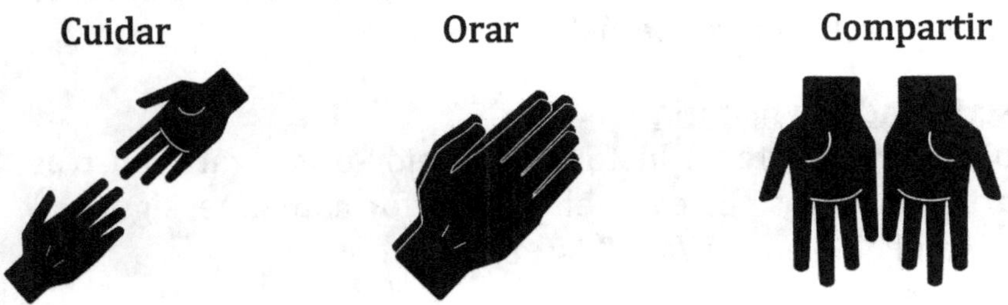

Cuidar: A las personas no les importará lo que tenga que decir hasta que primero vean cuánto se preocupa por ellas. Por esta razón, es importante mostrar interés genuino en ellas y en lo que está sucediendo en su vida. Si de manera natural no se preocupa por los demás y no se interesa genuinamente por ellos, considere comenzar ahora. Pídale al Espíritu Santo que le ayude a ver a las personas a través de sus ojos.

Orar: Una vez que escuche las necesidades y preocupaciones de una persona, pregúnteles si puede orar por ellos. Se sorprenderá que la mayoría de las personas le permitirá con mucho gusto orar por ellas de inmediato. Esta puede ser una forma eficaz de iniciar una conversación espiritual.

Si usted no ora constantemente por los demás, considere comenzar practicando los tres pasos a continuación:

1. Ore diariamente por su lista de personas que son pre-cristianos (página 33).
2. Ore por valentía y conciencia para compartir con aquellos a quienes Dios trae en su camino cada día.
3. Prepárese para orar por los demás a medida que descubra sus necesidades.

 **Compartir:** El propósito de compartir nuestra historia con las personas es señalarles a Jesús y contarles el cambio de vida que hemos encontrado a través de una relación con Él. ¡Compartimos nuestra historia para que otros puedan tener la misma relación con Jesús!

Escribiendo su historia

Cuando comparte su historia, es mejor organizarla en **tres partes distintas**. Este es el mismo formato que siguió el apóstol Pablo en *Hechos 22 y 26*.

1. **Antes de conocer a Cristo:** Cómo viví y cómo era mi vida antes de creer en Jesús. (Si usted vino a Jesús a una edad temprana, comience explicando cómo Jesús le encontró).

2. **Conociendo a Cristo:** Cómo Jesús me encontró (O cómo volví a comprometerme o re-dedicarme respecto a una decisión anterior).

3. **Después de conocer a Cristo:** Cómo ha cambiado mi vida gracias a Jesús.

Es importante elaborar su historia de manera intencional para que se conecte con una persona perdida y le ayude a ver cómo Jesús transformó su vida.

Modelo y práctica: Compartir su historia

 **Actividad de grupo:** Ahora su entrenador le mostrará cómo compartir su historia usando el siguiente esquema como marco.

Paso 1: Tome diez minutos para escribir un borrador de su historia usando esto como un esquema. *(La meta es ser capaz de compartir su historia en dos o tres minutos. Asegúrese de dar el mismo tiempo al antes y después.)*

Mi vida antes de Cristo: (Luchas, *quebrantamientos, dolor, persecuciones, disfunciones, vacío, etc.)*

Cómo llegué a conocer a Cristo: (Cómo Jesús me encontró, *o aquello que me llevó a confiar en Jesús.)*

Cómo ha cambiado mi vida después de venir a Cristo: *(Cómo Jesús ha transformado mi quebrantamiento, dolor, vacío etc.)*

Después de escribir su borrador, divídanse en grupos de dos o tres, y compartan sus historias entre sí. Escoja sus palabras con cuidado y asuma que la persona con la que está compartiendo no tiene un trasfondo de iglesia. Dé retroalimentación para ayudarse mutuamente a hacerla comprensible para un incrédulo.

Paso 2: Vuelva y mire la historia que escribió. ¿Cuáles son algunas palabras claves que describen quién era antes de conocer a Cristo? Escriba estas palabras como viñetas en el siguiente cuadro. Algunos ejemplos pueden incluir: adicto, sin propósito, solitario, vacío, ansioso, desesperado, enojado, desconectado, abusivo/abusado, etc.
¿Cómo se ha transformado su vida en estas áreas desde que comenzó una relación con Jesús? Por ejemplo: era adicto; ahora soy sobrio. Estaba vacío; ahora estoy lleno. No tenía

ningún propósito; ahora mi vida tiene sentido. Estaba solo; ahora pertenezco a la familia de mi iglesia.

Conecte quién era antes de Cristo con quién es ahora, después de Cristo, para **mostrar el cambio que Jesús ha hecho en su vida**. Añádalos a su historia para poder compartir lo que Cristo ha hecho en su vida.

Vida antes de Cristo	Vida después de Cristo
•	•
•	•
•	•
•	•

Divídanse nuevamente en grupos de dos o tres con personas que no hayan escuchado su historia. Compartan su historia entre sí y brinden retroalimentación para ayudarse mutuamente a dejarla clara y concisa. Si el tiempo lo permite, haga que diferentes personas compartan su historia frente a todo el grupo.

 * Una vez que termine de practicar, escriba la mejor versión de su historia en la siguiente página.

El compartir su historia es una de las herramientas más importantes en el evangelismo y un aspecto requerido a medida que avanza en este entrenamiento.

* Al comenzar cada capítulo y por el resto de este manual, se le recordará compartir su historia. El compartir su historia es tan importante que le recomendamos que seleccione a una o dos personas con quienes pueda practicar compartir su historia antes de cada sesión de entrenamiento.

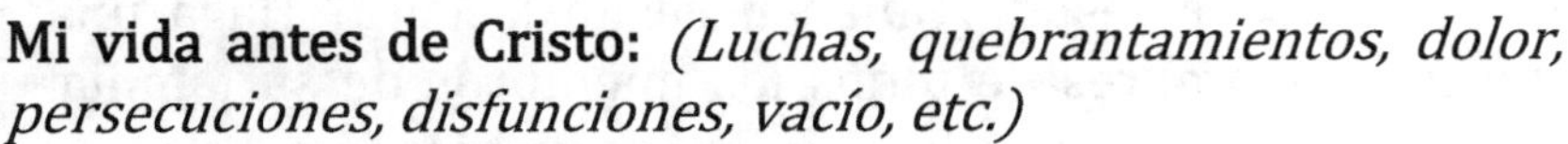

Mi vida antes de Cristo: *(Luchas, quebrantamientos, dolor, persecuciones, disfunciones, vacío, etc.)*

Cómo llegué a conocer a Cristo: *(Lo que me llevó a confiar en Jesús.)*

Cómo ha cambiado mi vida después de venir a Cristo: *(Cómo Jesús ha transformado mi quebrantamiento, dolor, vacío etc.)*

Actividad de grupo: ¿Recuerda la historia de la enfermedad incurable y de la persona que encontró la cura? La cura para todos los problemas de la vida se encuentra en Jesús. ¿Quién necesita la cura? Haga una lista de los nombres de todos los miembros de su familia, parientes, vecinos, amigos, colegas, compañeros de clase y cualquier otro, que Dios trae a su mente quienes aún no han venido a Cristo.

Si tiene dificultades para pensar en 30 nombres, considere las siguientes categorías. Si no está seguro si son seguidores de Cristo, incluya su nombre.

Haga una lista de las primeras personas que el Espíritu Santo trae a su mente:

Haga una lista de las personas que llama, envía mensajes de texto y envía más correos electrónicos desde su teléfono o desde las plataformas de redes sociales (Facebook, Instagram, etc.):

Haga una lista de las personas donde vive (familia y barrio):

Haga una lista de las personas donde trabaja o estudia (empleo y escuela):

Haga una lista de las personas donde compra (tienda de alimentos, restaurantes, cafeterías):

Haga una lista de las personas donde juega (gimnasio, ligas deportivas, equipos, clubes, etcétera):

Mi lista que me comprometo a orar diariamente y a compartir mi historia:

1. _______________	16. _______________
2. _______________	17. _______________
3. _______________	18. _______________
4. _______________	19. _______________
5. _______________	20. _______________
6. _______________	21. _______________
7. _______________	22. _______________
8. _______________	23. _______________
9. _______________	24. _______________
10. _______________	25. _______________
11. _______________	26. _______________
12. _______________	27. _______________
13. _______________	28. _______________
14. _______________	29. _______________
15. _______________	30. _______________

Paso de acción: Si alguien toma la decisión de seguir a Jesús, hágale estas preguntas: **¿Quiénes son las tres personas con las que hoy necesita compartir su decisión?** ¿Quién necesita saber esta verdad acerca de Jesús para que también pueda experimentar una relación con Jesús? **Pídales que se comprometan a compartirlo con esas personas el día de hoy o establezcan un tiempo para compartirlo con ellos en esta semana.**

Considere estas tres bendiciones al comenzar a compartir su historia:

1. Es una gran bendición llevar a alguien al Señor.

2. Es una bendición más grande discipularlos y plantar una iglesia con ellos.

3. Es la mayor bendición equiparlos para llevar a otros a Jesús y ayudarlos a plantar iglesias que hacen discípulos.

Modelo y práctica: Comenzar una conversación espiritual

Su entrenador interpretará cómo comenzar una conversación espiritual con alguien del grupo. Primero, el entrenador usará preguntas para comenzar a orar por alguien. Luego, utilizarán un "momento decisivo" para comenzar una conversación espiritual.

Cuando escuche a alguien compartir su historia, **¡realmente escuche!** La persona con la que está hablando puede tener momentos decisivos con los que pueda identificarse. Aquellos momentos cuando Jesús lo encontró en tiempos de angustia pueden ser un punto de conexión con la persona que escucha su historia.

¿Sabe cómo comenzar una conversación espiritual con las personas? A continuación, se ofrecen algunas formas prácticas para crear el puente de conversación al compartir su historia/la historia de Dios.

1. **Pregúnteles a las personas cómo puede orar por ellas. ¡Recuerde orar realmente por ellas!** Aquí hay algunas maneras para preguntarle a las personas si puede orar por ellas:
   - "¿Hay algo en su vida por lo que pueda estar orando?"
   - Después de escucharlos, pregunte, ¿Puedo orar por ustedes ahora mismo?"

- "He estado orando por usted recientemente, y me preguntaba si hay algo específico en su vida por lo que pueda orar"

2. Utilice los "momentos decisivos" de su vida para conectarse con otras personas que han pasado por dificultades similares.

Un momento decisivo es un tiempo en su vida cuando experimentó significativamente dolor, daño, pérdida o miedo (padres divorciados, importantes problemas de salud o médicos, pérdida de un ser querido, estrés financiero, trauma emocional, problemas en la escuela, etc.). Aquellos momentos decisivos probablemente se convirtieron en un momento de crecimiento en su comprensión de Dios y su relación con Él. ¡A medida que se acercó a Dios, probablemente experimentó su gracia, misericordia, amor, presencia y/o dirección de nuevas formas! Mientras escucha las historias de los demás, sus momentos decisivos pueden convertirse en un puente en la conversación para conectarse con la persona.

Actividad de grupo: Haga una lista de tres momentos decisivos de su vida que puede usar para conectarse con otros durante una conversación. Describa cómo le encontró Jesús en su momento de necesidad. ¿Qué aprendió de ese momento difícil o sufrimiento, y qué diferencia hizo en su vida como resultado?

Cuando alguien le hable sobre una lucha con la que pueda identificarse, utilice un momento decisivo de su vida para crear el puente entre su historia y la historia de Dios.

-
-
-

***Nota importante:** Los comentarios de los hacedores de discípulos de LIT en todo el mundo revelan que la persona promedio tendrá que compartir su historia con 15-30 personas para que una persona reciba a Cristo. ¡No se desanime al trabajar en su lista si un gran porcentaje no responde inmediatamente! Recuerde los tres pasos: **Cuidar, Orar, y Compartir.** Continúe en relación con ellos, y puede tener la oportunidad de invitarlos al grupo al que asiste actualmente o comenzar un Estudio Bíblico por descubrimiento con ellos (explicado en el capítulo 8). ¡No se rinda! Continúe orando por ellos y siga la dirección del Espíritu Santo.

Pasos de acción para este capítulo:

- Escriba nuevas declaraciones de "Yo Voy a" en su diario en este capítulo. ¿Qué hará hoy y en esta semana en respuesta a la voz de Dios?

- **¡Después de haber preparado su historia, ore, vaya, escuche y comparta!** ¡Dé pasos valientes de fe! Pida la pasión de Dios para alcanzar a los perdidos. Pídale al Espíritu Santo que también le guíe a los pre-cristianos.

- **Durante la semana**: Comparta su historia de manera intencional con al menos una persona de la lista de nombres que hizo en la página 33 (y cualquier otro pre-cristiano que encuentre). Esté listo para informar a su entrenador con quién compartió su historia y lo que sucedió.

- **Comunique sus planes a su compañero de rendición de cuentas, incluyendo con quién, cuándo, dónde y cómo compartirá su historia en esta semana.** Responsabilícense mutuamente, y si es útil, vayan juntos para apoyarse el uno al otro. Puede que no siempre funcione perfectamente de acuerdo con sus planes, pero persevere y sea fiel a los mandamientos de Cristo.

***Nota importante:** Usted puede tener oportunidades para compartir su historia con personas que no están en su lista. Mantenga su corazón abierto a las indicaciones del Espíritu Santo en su rutina diaria habitual. Mientras ora, pídale a Dios que le dirija a aquellos que están hambrientos de Él y abiertos a Su Hijo, Jesús. Él puede permitir que su camino se cruce con personas de paz no mencionadas anteriormente *(Lucas 10:5-9).*

Diario del capítulo

Yo voy a: _______________________________________

____

____

____

Yo voy a: _______________________________________

____

____

____

Yo voy a: _______________________________________

____

____

____

Yo voy a: _______________________________________

____

____

____

Notas:

____

____

____

____

____

____

____

____

____

____

Meta de entrenamiento (Latido del corazón): Equipar y capacitar a cada hacedor de discípulo para compartir con eficacia la historia de Dios.

Resultado esperado (Habilidad/Hábito): Cada hacedor de discípulos hará discípulos compartiendo regularmente la Historia de Dios donde vive, trabaja, estudia, compra y juega.

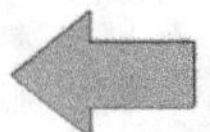 ## Mirar hacia atrás

Dé a todos una oportunidad para compartir, escuchar de los demás, y rendir cuentas. Enfóquese en dar ánimo, celebración, y dar seguimiento a las tareas.

- **Obediencia:** Haga que <u>todos</u> informen sobre cómo compartieron su historia y siguieron con sus declaraciones de "Yo voy a" y pasos de acción desde el último entrenamiento (Esto puede hacerse en un grupo grande o en grupos más pequeños). Recuerde: De manera intencional y amable, haga que le rindan cuentas.
  - **Si algunos o muchos no han estado compartiendo su historia, considere no seguir adelante con una lección nueva y, en su lugar, pase tiempo en oración, práctica, y planificación, identificando especialmente de qué manera cada persona compartirá su historia en esta semana.**
- **Revisión:** Repase el resultado esperado y el principio clave del Capítulo 2. Resuma los puntos claves aprendidos del entrenamiento anterior.
- **Recuerde:** Todo entrenamiento es para entrenadores. ¿Están entrenando a otros con lo que están aprendiendo? ¿Alguien ha entrenado a alguien más para compartir su historia?

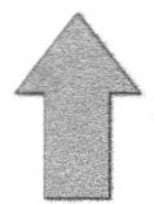

Mirar hacia arriba

Este capítulo se enfoca en compartir la "historia de Dios." Mientras entrena a aquellos que está discipulando a través de este capítulo, asegúrese de enfocarse en estos conceptos claves:

- Entrene de manera que cada hacedor de discípulos sea capaz de compartir el Evangelio contando la historia de Dios usando los dos métodos presentados (Los 3 Círculos y la Ilustración del Puente).
- Enfatice la importancia de escuchar y cuidar de los demás. Si usted no escucha a los demás, ellos no le escucharán.
- **¡Recuerde enfatizar el resultado esperado y el principio clave!** Promueva la memorización de versículos claves de las Escrituras.
- **Escuchando de Dios:** Tome un tiempo de reflexión y oración silenciosa, buscando específicamente lo que cada persona debería hacer en respuesta a lo Dios está hablando a su corazón.

Actividad de grupo: Cada persona debería practicar compartiendo la historia de Dios hasta que se sientan cómodos y seguros (idealmente en dos a tres minutos). No avance hasta que todos puedan compartir su historia y la historia de Dios de manera segura y natural utilizando los 3 Círculos o la Ilustración del Puente.

Modelo y práctica: Presente el Evangelio compartiendo la historia de Dios, utilizando los 3 Círculos y la Ilustración del Puente. Muestre cómo dominar las tres transiciones cruciales para llevar a alguien a Cristo.

Mirar hacia adelante

Antes de revisar los pasos de acción para el capítulo, haga una pausa y responda en oración las siguientes preguntas:
- ¿Cómo le está hablando Dios a su corazón hoy?
- ¿Cómo le está llamando Dios a una mayor obediencia?

- ¿Qué hará hoy y esta semana en respuesta a la voz de Dios? Permita que cada persona comparta su declaración de "Yo voy a".

Pasos de acción para este capítulo:
- Escriba nuevas declaraciones de "Yo voy a" en su diario en este capítulo. ¿Qué hará hoy y en esta semana en respuesta a la voz de Dios?
- Continúe orando diariamente por las personas de su lista.
- Comience a memorizar los cinco versículos en la Ilustración del Puente de Romanos.
- Comparta la historia de Dios con dos a tres personas de su lista en esta semana. Intente usar los 3 Círculos o la Ilustración del Puente cuando sea posible.

Capítulo 3
La historia de Dios

Resultado esperado: Cada hacedor de discípulos hará discípulos compartiendo regularmente la Historia de Dios donde vive, trabaja, estudia, compra y juega.

En el capítulo anterior, vimos cómo contar **su historia.** En este capítulo, aprenderemos a cómo contar la **historia de Dios.** Si bien hay muchas maneras de contar la historia de Dios, es importante ayudar a conectar su historia con la historia de Dios.

 **Discusión de grupo:** ¿Cuáles son algunas ideas de cómo puede pasar de compartir su historia a compartir la historia de Dios? ¿Puede pensar en alguna frase que el grupo podría usar para conectar su historia con la historia de Dios?

Recuerde, el objetivo al compartir su historia es lograr conectarse con alguien de manera que esté preparado para escucharle compartir la historia de Dios. Después de compartir su historia con alguien, es una buena idea preguntarle acerca de su historia (o dónde se encuentra en su viaje espiritual). Después de que le comparta su historia, una excelente manera de hacer la transición a la historia de Dios es preguntarles, *"¿Le interesaría saber cómo podría tener una amistad con Jesús, como yo?* o, *¿Le gustaría saber cómo Jesús puede transformar su vida?"*

Si dicen que sí, ¡le están invitando a compartir el Evangelio!

Es este capítulo, lo vamos a equipar para que use de manera efectiva un método llamado los *3 Círculos.* Existen numerosas variaciones de este enfoque, y puede adaptarlo como mejor le parezca. El objetivo principal es compartir activa e intencionalmente la historia de Dios con los demás.

 **Principio clave: Porque de tal manera amó Dios al mundo, que ha dado a su Hijo unigénito, para que todo aquel que en él cree no se pierda, mas tenga vida eterna (*Juan 3:16*).**

Modelo de 3 Círculos

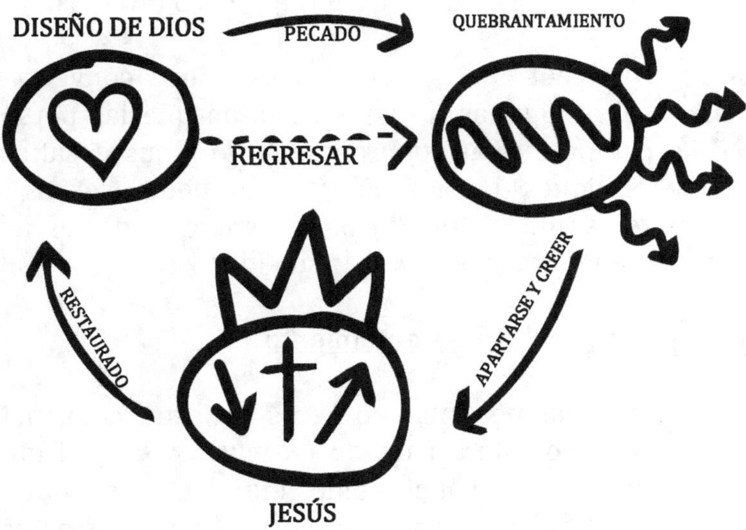

Compartir la historia de Dios se trata de tener una conversación que se centra en el amor de Dios y Su amor por los demás. *(Ingrese a usa.ttionline.org/resources/ para una demostración de cómo compartir la historia de Dios.)* Piense por un momento con qué frecuencia tiene conversaciones donde las personas comparten sus problemas o un desafío que están enfrentando.

El uso de los *3 Círculos* puede ayudarlo a convertir las conversaciones cotidianas que tienen las personas sobre sus problemas y desafíos en conversaciones sobre Jesús y el Evangelio. No siempre sucede de esta manera, pero las conversaciones de la historia de Dios a menudo provienen de escuchar primero las historias de otras personas. **Esto es importante porque el entender e identificar los sufrimientos**

y las luchas de las personas es una gran forma de entablar la conversación.

Hay muchas maneras en que las personas compartirán sus miedos, ansiedad, quebrantamientos, o vacíos. Mientras los escucha, busque una oportunidad para orar por ellos y pregúnteles si le permiten mostrar un gráfico que cambió su vida. Si dicen que sí, comience a dibujar los 3 Círculos.

 **Discusión de grupo**: Tengan una conversación sobre algunas de las formas en que las personas comparten su quebrantamiento y sus desafíos en las conversaciones de cada día. ¿Cómo pueden ser algunos de estos temas un trampolín para compartir partes de su historia o momentos decisivos de su vida?

 ## Círculo 1: Quebrantamiento

La mayoría de las personas no necesitan estar convencidas de que el mundo está arruinado (*Romanos 3:10*). Tanto el quebrantamiento personal como mundial nos rodea. A medida que usted escucha de las pruebas que otros están atravesando, es importante tratar de identificar lo que ellos han hecho para evitar, escapar, u obtener alivio de los problemas que identificaron. Eventualmente, todo lo que las personas hacen para evitar, escapar, o encontrar alivio de su quebrantamiento las llevará a estar más conscientes de que están quebrantadas y vacías (*Colosenses 1:21*).

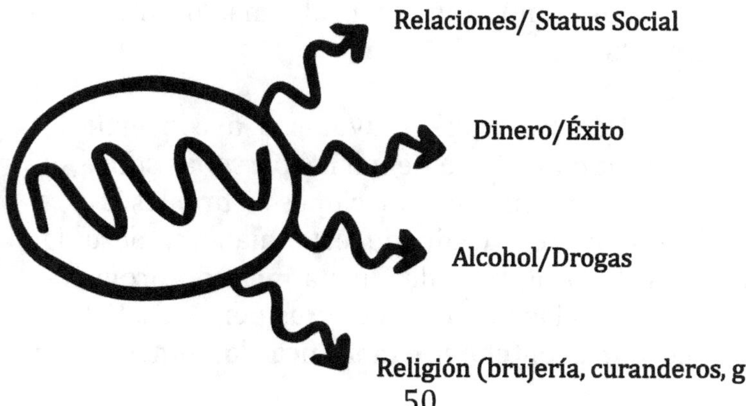

Tenga en cuenta: A menudo las personas usan las relaciones o sustancias para encontrar la solución al quebrantamiento. Pueden procurar educación, trabajo, éxito, o dinero como una forma para escapar de los problemas de la vida. Incluso pueden probar la religión o modificar su comportamiento en un intento por arreglar las cosas.

El punto aquí es escuchar su historia y relacionar el círculo que simboliza el quebrantamiento para ellos (o puede compartir su historia y cómo intentó lidiar con su propio quebrantamiento).

Dibuje un cuadro basado en las formas que han intentado lidiar con su propio quebrantamiento. Esto les permite saber que usted está escuchando. Las líneas que salen del quebrantamiento muestran visualmente las formas en que ellos han intentado lidiar con sus problemas en la vida. (Las líneas son como cuerdas elásticas; no importa lo lejos que intente alejarse del quebrantamiento, siempre terminará de regreso al punto de inicio. Si ellos no han compartido su historia, usted puede compartir previamente cómo intentó lidiar con su quebrantamiento.)

El quebrantamiento y el vacío son el resultado del pecado, y cualquier pecado sin importar el tamaño, nos separa de Dios porque Él es santo. Para tener una relación con Dios, tenemos que ser perfectos y sin pecado. **Por nuestra cuenta, no alcanzamos el estándar de Dios. Por eso Jesús vino a la tierra como ser humano: para liberarnos de nuestros pecados al recibir el castigo que merecíamos**. Jesús quiere que recibamos perdón y libertad, por eso proporcionó un camino para que la humanidad se reconcilie con Dios. Sin Jesús, las personas que han intentado lidiar con su quebrantamiento y vacío por medio de sus propios esfuerzos no han tenido éxito duradero (*Romanos 1:24-25*).

 # Círculo 2: <u>El diseño perfecto de Dios</u>

El segundo círculo a dibujar representa el corazón y el diseño perfecto de Dios. El quebrantamiento nunca estuvo en el corazón de Dios ni fue parte de Su diseño perfecto. Pregúnteles, ¿*"Saben cuál fue el corazón de Dios?"* ¿O *"Saben cuál fue el diseño perfecto de Dios?"* Ellos pueden opinar que quizá se trate de cambiar nuestro comportamiento, ir a la iglesia, tratar de ser bueno, o puede que no tengan ninguna respuesta.

El corazón de Dios para todos es una relación. Cuando la vida fue experimentada según Su diseño, fue perfecta *(Génesis 1:26-27, 31)*. No había muerte, enfermedad, preocupación, miedo, o ansiedad, pero fuimos engañados al pensar que podríamos ser como Dios o que había algo mejor que el diseño de Dios para nosotros.

Cuando desobedecemos los mandamientos de Dios, lo abandonamos. Fue en ese momento cuando el pecado entró en el mundo. El pecado es cualquier cosa que va en contra del diseño perfecto de Dios. Como resultado del pecado, nos volvimos personas quebrantadas y vacías. (Dibuje una línea desde el "Diseño de Dios" hasta el "quebrantamiento" y etiquételo "pecado".)

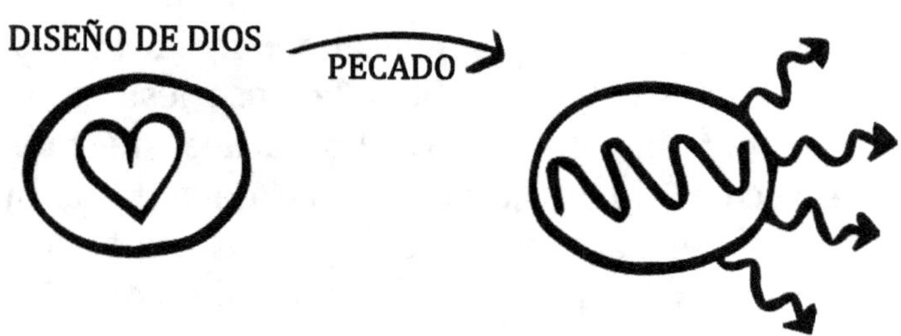

¡Malas noticias! Esto nos dejó sin que exista modo de volver a una relación de amor con Dios y su diseño perfecto.

¡Buenas noticias! ¡Cuando no podíamos regresar a Dios, Él vino a nosotros!

 <u>**Círculo 3: Jesús**</u>
¡El tercer círculo representa a Jesús!

 Dios **envió** a Su Hijo Jesús (dibuje una flecha hacia abajo) en nuestro quebrantamiento para morir en una **cruz** (dibuje una cruz) por nuestros pecados (*Juan 3:16*). Él vivió una vida sin pecado y ofreció Su vida como sacrificio por la nuestra. Jesús se quebrantó, se humilló, y se convirtió en el sacrificio perfecto por nuestros pecados.

 Tres días después Jesús **resucitó** (dibuje una flecha hacia arriba) **de entre los muertos** para que podamos ser restaurados a una relación correcta con Dios y regresar a Su diseño perfecto (*1 Corintios 15:4*).

¿Cuál es nuestra respuesta a Jesús?

 Jesús nos dice que hagamos dos cosas: **apartarnos** (arrepentirse) de nuestros pecados y **creer** en Él como el Señor y Salvador de nuestras vidas *(Romanos 10:9-10)*. Cuando nos apartamos y creemos en Jesús, nos sometemos a Él como Rey. (Dibuje una corona en el círculo de "Jesús": ¡Él es el Rey!)

Jesús nos dice que dejemos atrás el pecado, el quebrantamiento, y el vacío y promete convertir nuestro quebrantamiento en una nueva creación *(2 Corintios 5:17)*. Jesús nos perdona de nuestros pecados y nos libera de nuestro quebrantamiento y separación de Dios. El pecado ya no tiene poder sobre nuestras vidas ya que se nos da una nueva identidad y recibimos la justicia de Dios por medio de Jesús *(2 Corintios 5:21)*. (Dibuje una flecha desde "Quebrantamiento" hasta "Jesús" y etiquétela "Apartarse y Creer".)

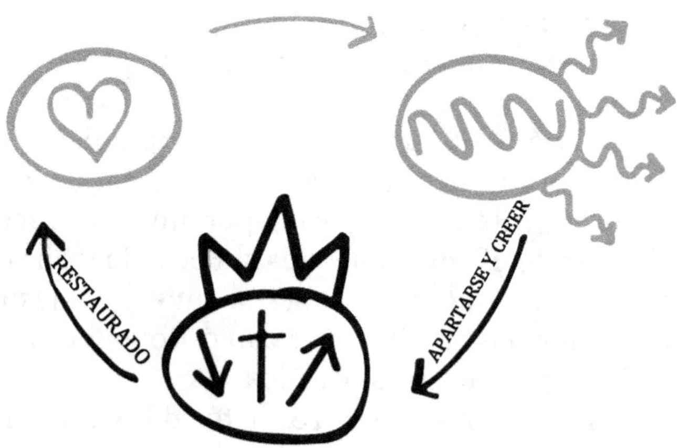

Jesús **nos restauró** a una relación correcta con Dios, así que tenemos la oportunidad de recibir el amor de Dios y crecer en nuestra relación con Él *(2 Corintios 5:17-18)*. (Dibuje una flecha desde "Jesús" hasta el "Diseño de Dios" y etiquétela "Restaurado".)

Con esto en mente, Jesús nos dice que REGRESEMOS a un mundo que está abatido y vacío y compartamos con otros el amor, la esperanza, y la sanidad que encontramos sólo en Él. Al hacer esto, ellos pueden apartarse de su pecado y quebrantamiento y entrar a una relación de amor con Dios *(Colosenses 1:22-23)*.

Nosotros ahora tenemos la capacidad, por medio del poder del Espíritu Santo, de vivir una vida libre de la esclavitud del pecado. Ésta es la esperanza que tenemos en Jesús y la esperanza que otros desesperadamente necesitan experimentar por sí mismos. (Dibuje una línea punteada desde el "Diseño de Dios" hasta el "Quebrantamiento" y etiquételo "Regresar.")

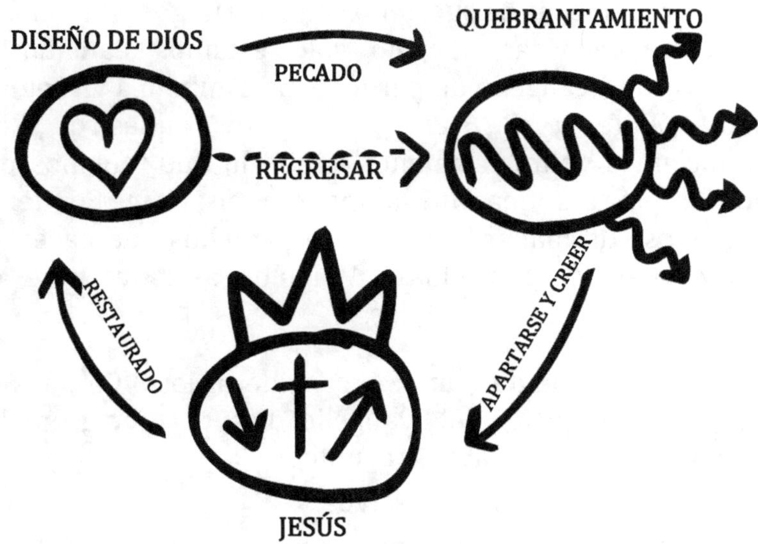

¡No importa cuán abatidas están nuestras vidas, hay esperanza para todos! **Cuando llegue a este punto al compartir la historia de Dios, pregunte si hay algo que les impida hacer de Jesús el Rey de sus vidas hoy.**

Después de compartir su historia o el Evangelio en cualquier forma, puede preguntar, *¿"Le gustaría hacer de Jesús el rey de su vida ahora?"* Si dicen que sí, guíe a la persona al Señor inmediatamente. Puede usar la oración simple de abajo como ejemplo. Recuerde, que no hay nada especial en recitar las palabras de abajo, es por medio de la fe en Cristo que somos salvos *(Efesios 2:8-9).*

Señor Jesús, confieso que soy un pecador. Me arrepiento por todas las cosas malas que he hecho en mi vida. Creo en TI y deposito en TI mi fe; que TÚ viniste a este mundo, viviste una vida perfecta, moriste por mis pecados, y resucitaste, y por medio de TI, hay perdón de pecados.

Jesús, te acepto ahora como mi Señor y Salvador. Por favor ven a mi vida. ¡Soy tuyo! Gracias por aceptarme. En el nombre de Jesús, Amén.

Después de guiar a alguien en esta oración, anímelos a compartir lo que les ha sucedido con sus amigos y familia. Es importante recordar que no sólo estamos llamados a compartir un Evangelio de perdón sino también a vivir en el Reino *(Mateo 28:18-20)*. ¡Jesús es nuestro Rey! ¡Renunciamos voluntariamente a todo lo que tenemos por seguirle! Esta es una nueva manera de vivir. Comience reuniéndose de manera regular con aquellos que hacen de Jesús el Rey de sus vidas. Ayúdelos a convertirse en discípulos que hacen discípulos.

 **Discusión de grupo:** Al considerar los 3 Círculos de presentación del Evangelio, discuta como grupo las siguientes cuatro preguntas.

- ¿Por qué necesito ser salvo?
- ¿Por qué Jesús tuvo que morir?
- ¿Qué necesito hacer para ser salvo?
- ¿Qué sucede cuando soy salvo?

Modelo y práctica: Compartiendo la historia de Dios

Su entrenador ahora tomará un tiempo para hacer una demostración precisa de cómo compartir la historia de Dios, respondiendo a algunas preguntas que usted pueda tener, para que pueda compartirla también.

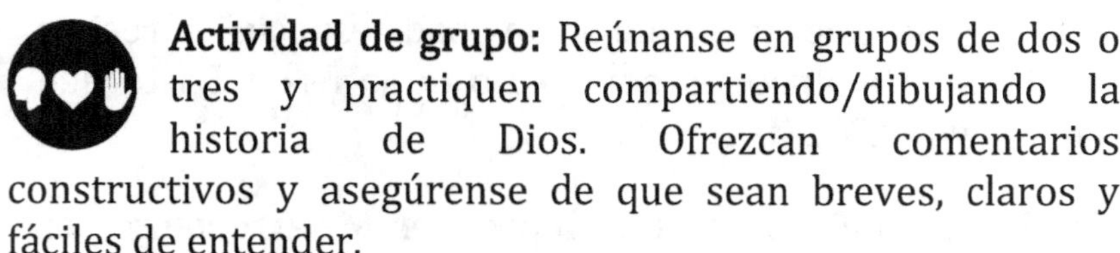 **Actividad de grupo:** Reúnanse en grupos de dos o tres y practiquen compartiendo/dibujando la historia de Dios. Ofrezcan comentarios constructivos y asegúrense de que sean breves, claros y fáciles de entender.

- Haga del Evangelio algo personal identificando el quebrantamiento de las personas y revelando cómo Dios habla en su dolor con la esperanza de su Buenas Noticias.
- Elimine cualquier término religioso o espiritual que las personas no puedan entender.
- Ajuste la historia de acuerdo a los comentarios hasta que sea clara y fácil de entender.

Modelo y práctica: Dominar tres decisiones cruciales

Una de las partes más difíciles al llevar a alguien a Cristo es hacer estas tres transiciones:

1. Pasar de una conversación regular a una conversación espiritual.
2. Pasar de su historia a la historia de Dios (Los Tres Círculos o la Ilustración del Puente).
3. Pasar de comprender el Evangelio a hacer de Jesús el Señor de su vida.

Su entrenador ahora se tomará un tiempo para demostrar cómo dominar las tres transiciones claves para compartir el Evangelio. Escriba cualquier método, palabra clave o frase en cada una de las siguientes secciones.

- **Comenzar una conversación espiritual**

- **Su historia a la historia de Dios**

- **De la comprensión a la decisión de hacer Señor a Jesús**

Ahora, divídanse en grupos de dos a tres y practiquen haciendo estas transiciones. Dé a cada uno la oportunidad de representar a la persona que comparte el Evangelio y al pre-cristiano que escucha el mensaje.

La opción alternativa para compartir la Historia de Dios

El Camino de Romanos

Como se mencionó anteriormente, hay una variedad de formas para compartir el Evangelio, y queremos ofrecer una versión alternativa y simplificada de la historia de Dios. Le recomendamos utilizar lo que sea más fácil para usted. **¡El punto principal es presentar a Jesús a las personas!**

Este siguiente método para compartir la historia de Dios es conocido como la Ilustración del Puente o el Camino de Romanos y utiliza otro dibujo simple. Esto es algo que puede dibujar cuando comparte la historia de Dios. Comience **dibujando el siguiente cuadro:**

Explique que el espacio es la separación del hombre de Dios.

1. ***Romanos 3:23****: "Porque todos pecaron y no alcanzan la gloria de Dios".*

Todos nosotros no alcanzamos el estándar de perfección de Dios, ya que nuestro pecado nos separa de Él. Pecar significa errar al blanco. Si intenta lazar una roca sobre una montaña, el intento será insuficiente. Algunos arrojarán más lejos que otros, pero ninguno dará al blanco. (Cualquier otra cosa que no sea el centro del blanco no alcanza la marca deseada.)

2. ***Romanos 6:23:*** *"Porque la paga del pecado es muerte; pero el don de Dios es vida eterna en Cristo Jesús, Señor nuestro".*

Lo que ganamos por ser pecadores es la muerte y la separación de Dios, ahora y por la eternidad. Por eso necesitamos un Salvador. Afortunadamente para nosotros, esto es exactamente lo que recibimos por medio de la fe en Cristo. El perdón de nuestros pecados resulta en el regalo gratuito de la vida eterna.

Dibuje una cruz para cubrir el espacio.

3. ***Romanos 5:8:*** *"En que siendo aún pecadores, Cristo murió por nosotros".*

Dios sabía que era imposible para nosotros librarnos del pecado por nuestra cuenta, pero el amor de Dios por nosotros fue tan grande que envió a su Hijo a pagar la pena de muerte que merecíamos. Esto significa que Él no nos pide que primero nos arreglemos o nos limpiemos para ganar la vida eterna. Aun siendo pecadores, Jesús murió en nuestro lugar.

4. **_Romanos 10:9:_** _"Si confiesas con tu boca que Jesús es el Señor, y si crees en tu corazón que Dios le levantó de entre los muertos, serás salvo"._

Hacer de Jesús el Señor de su vida significa invitarlo a ser el Rey o líder de su vida. Cuando confesamos que Jesús es el Señor, entregamos nuestros deseos y voluntad a los suyos. Reconocemos que sus caminos son verdaderos y mejores que los nuestros. Comprometemos nuestra vida a seguirlo y amarlo con todo nuestro corazón. Creer en Jesús significa que ya no tratamos de ser lo suficientemente buenos. En cambio, confiamos en que Jesús murió en nuestro lugar y pagó el precio. Ahora es nuestro gozo y privilegio vivir la libertad que Él nos da.

5. **_Romanos 10:13:_** "Porque _todo aquel que invoque el nombre del Señor será salvo"._

La Biblia promete que aquellos que buscan a Jesús e invocan Su nombre para salvación serán salvos. Aprenda de memoria los siguientes seis versículos como una ayuda útil para recordar el camino de la Salvación.

Romanos 3:23   Romanos 6:23   Romanos 5:8   Romanos 10:9-10   Romanos 10:13

A medida que las personas comiencen a depositar su fe en Cristo, anímelos a que comiencen inmediatamente a compartir su historia. Es también importante guiarlos a una relación más cercana con Jesús. Empiece inmediatamente a discipularlos.

Es bueno en cada presentación del Evangelio continuar con una invitación para aceptar a Cristo _(Romanos 10:13)._

Después de compartir su historia o el Evangelio en cualquier forma, puede preguntar, ¿"Le gustaría hacer de Jesús el rey de su vida ahora?" Si dicen, "Sí", guíe a la persona al Señor inmediatamente. Puede usar la oración simple de abajo como ejemplo. Recuerde, que no hay nada especial en recitar las palabras de abajo... es por medio de la fe en Cristo que somos salvos *(Efesios 2:8-9)*.

Señor Jesús, confieso que soy un pecador. Lamento por todas las cosas malas que he hecho en mi vida. Creo en TI y deposito en TI mi fe; que TÚ viniste a este mundo, viviste una vida perfecta, moriste por mis pecados, y resucitaste. Por favor perdona mis pecados.

Jesús, te acepto ahora como mi Señor y Salvador. Por favor lléname y transfórmame de adentro hacia afuera. ¡Soy tuyo! En el nombre de Jesús, Amén.

Modelo y práctica: Compartiendo la Historia de Dios

Su entrenador ahora tomará tiempo para hacer una demostración precisa de cómo compartir la historia de Dios utilizando la Ilustración del Puente, respondiendo a algunas preguntas que usted pueda tener para que pueda compartirlas también.

 **Actividad de grupo:** Reúnanse en grupos de dos o tres, y practiquen compartiendo/dibujando la historia de Dios utilizando la Ilustración del Puente.

Asegúrese que la presentación sea breve y concisa.
- Ofrezca mutua retroalimentación.
- Elimine cualquier término religioso o espiritual que las personas no puedan entender.
- Ajuste la historia de acuerdo a los comentarios hasta que sea clara y fácil de entender.

Repita este proceso hasta que todos puedan compartir con claridad y confianza la historia de Dios.

Pasos de acción para este capítulo:

- Escriba nuevas declaraciones de "Yo voy a" en su diario en este capítulo. ¿Qué hará hoy y en esta semana en respuesta a la voz de Dios?
- Continúe orando diariamente por las personas de su lista.
- Comience a memorizar los seis versículos de la Ilustración del Puente de Romanos.
- Comparta la historia de Dios con dos a tres personas de su lista en esta semana. Intente usar los 3 Círculos o la Ilustración del Puente cuando sea posible. ¡Asegúrese de informar a su entrenador lo que sucede!

Siguientes pasos para los nuevos creyentes/aquellos que buscan a Jesús:

Si alguien ha venido a la fe en Jesús o está interesado en aprender más acerca de Él, considere las siguientes opciones.

1. Lleve a los nuevos creyentes a través de los conceptos de DHD de una manera relacional. *(Puede utilizar como ayuda los resúmenes de los capítulos que se encuentran al final del libro.)*

2. Invite a personas espiritualmente interesadas a hacer un Estudio Bíblico por descubrimiento con usted. Comience el suyo, o busque otro EBD para que asistan y vaya con ellos. (Vea el Capítulo 8.)

A medida que identifique a las personas que expresen interés en las conversaciones espirituales, enfóquese en conectarlas con Dios más que en un conjunto de ideas o verdades acerca de Dios, una iglesia o cualquier otra cosa.

Recursos adicionales: Los siguientes enlaces son de aplicaciones/sitios web gratuitos que le ayudan a compartir la historia de Dios

Ingrese a <u>usa.ttionline.org/resources</u> para ver videos, artículos, y otros recursos útiles que lo guiarán a medida que avanza en este entrenamiento.

3 Círculos
<u>lifeonmissionbook.com/conversation-guide</u>

La Historia
<u>thestoryfilm.com</u>

La prueba de Dios
<u>thegodtest.org</u>

La película de Jesús
<u>jesusfilm.org/app</u>

Herramientas de Dios
<u>godtoolsapp.com</u>

Paz con Dios
<u>peacewithgod.net</u>

La Biblia es
<u>bible.is</u>

Romanos camino de Salvación
<u>teenmissions.org/resources/roman-road-to-salvation/</u>

Atrévete a compartir
<u>dare2share.org</u>

Diario del capítulo

Yo Voy a: ____
____
____
____

Yo Voy a: ____
____
____
____

Yo Voy a: ____
____
____
____

Yo Voy a: ____
____
____
____

Notas:
____
____
____
____
____
____
____
____
____
____
____

Estudio adicional para este capítulo: Comprensión de la salvación

Para una comprensión más profunda, respondamos a cuatro preguntas claves sobre la salvación: (1) ¿Por qué necesito ser salvo? (2) ¿Por qué tuvo que morir Jesús para que yo fuera salvo? (3) ¿Cómo soy salvo? y (4) ¿Qué pasa cuando soy salvo?

1. **¿Por qué necesito ser salvo?**

"Porque todos pecaron y no alcanzan la gloria de Dios... Porque la paga del pecado es muerte; pero el don de Dios es vida eterna en Cristo Jesús, Señor nuestro" (Romanos 3:23; 6:23).

Dios es santo y perfecto *(Éxodo 33:20; Isaías 6:3).* Es imposible que un ser humano imperfecto y pecador esté en la presencia de un Dios santo y justo. Somos pecadores y la pena por nuestro pecado es la muerte y la separación de Dios. No hay nada que podamos hacer para estar a la altura del estándar de perfección de Dios. Por eso necesitamos a Jesús.

2. **¿Por qué tuvo que morir Jesús para que yo fuera salvo?**

"Pero Dios demuestra su amor para con nosotros, en que siendo aún pecadores, Cristo murió por nosotros. Luego, siendo ya justificados por su sangre, cuánto más por medio de él seremos salvos de la ira" (Romanos 5:8–9).

Dios envió a su hijo para tomar nuestro pecado sobre sí mismo y pagar el castigo por nuestros pecados al morir en nuestro lugar en la cruz. Sin embargo, tres días después, conquistó al pecado y a la muerte y resucitó. Él ha tomado nuestro pecado y, a cambio, nos ha dado su justicia.

3. **¿Cómo soy salvo?**

"Que si confiesas con tu boca que Jesús es el Señor, y si crees en tu corazón que Dios le levantó de entre los muertos, serás salvo. Porque con el corazón se cree para justicia, y con la boca se hace confesión para salvación" *(Romanos 10:9–10).*

La salvación es un regalo. No se puede ganar. La forma en que recibimos el regalo de la salvación es mediante la fe. Cuando confesamos nuestros pecados y ponemos nuestra fe en lo que Jesús hizo en la cruz, seremos salvos *(Romanos 10:9).*

4. **¿Qué pasa cuando soy salvo?**

La respuesta a esta pregunta es el tema central del próximo capítulo. Es su diario de capítulo, enumere algunas de las cosas que suceden cuando hace de Jesús el líder de su vida. ¿Qué cosas cambian en su vida? ¿Cómo cambia su identidad? ¿Sus hábitos? ¿Sus luchas con el pecado?

Meta de entrenamiento (Latido del corazón): Brindar a cada hacedor de discípulo una perspectiva bíblica de su identidad en Cristo y aprender a verse a sí mismos como Dios los ve.

Resultado esperado (Habilidad/Hábito): Cada hacedor de discípulos se mantendrá firme en la seguridad de su salvación, que solo Cristo es suficiente.

 ## Mirar hacia atrás

Dé a todos una oportunidad para compartir, escuchar de los demás, y rendir cuentas. Enfóquese en dar ánimo, ambiente de celebración, y dar seguimiento a las tareas.

- **Obediencia:** Haga que <u>todos</u> informen sobre cómo compartieron su historia y la historia de Dios esta semana pasada. (Esto puede hacerse en un grupo grande o en grupos más pequeños). Permita que todos compartan cómo cumplieron con sus declaraciones de "Yo Voy a" y los pasos de acción desde el último entrenamiento.
- Es importante no avanzar con el capítulo 4 hasta que todos hayan puesto en práctica lo que aprendieron en el capítulo anterior.
  - **No avance a una nueva lección si alguien no compartió su historia o la historia de Dios. En su lugar, pase tiempo en oración, práctica, y planificación, identificando especialmente de qué manera cada persona compartirá su historia y la historia de Dios en esta semana.**
- **Revisión:** Repase el resultado esperado y el principio clave del Capítulo 3. Resuma los puntos claves aprendidos del entrenamiento anterior.
- **Recuerde:** El entrenamiento es para entrenadores. ¿Alguien ha identificado a quien entrenará? Una herramienta fácil de utilizar para entrenar a otros son los planes de lecciones simplificados al final de este libro.

Antes de avanzar a Mirar hacia arriba, designe al menos a dos personas para que practiquen el compartir su historia o la historia de Dios en frente del grupo.

 ## Mirar hacia arriba

Este capítulo se enfoca en nuestra nueva identidad en Cristo. Asegúrese de enfocarse en estos conceptos claves:

- Entrene de manera que cada hacedor de discípulos sepa quién es en Cristo y cómo vivir su nueva identidad en Cristo.
- **¡Recuerde enfatizar el resultado esperado y el principio clave!** Promueva la memorización de versículos claves de las Escrituras.
- **Escuchando de Dios:** Al final de cada capítulo, tome un tiempo de reflexión y oración silenciosa, buscando específicamente lo que cada persona debería hacer en respuesta a lo Dios está hablando a su corazón.

Actividad de grupo: Divídalos en grupos y haga que cada grupo se enfoque en encontrar pasajes de las Escrituras sobre su nueva identidad y seguridad de salvación. Dé una oportunidad a cada uno para que haga de Jesús el Rey de sus vidas si es que aún no lo ha hecho.

Modelo y práctica: Dé ejemplos personales de cómo ha superado las tentaciones, los fracasos, los miedos, y las dificultades como resultado de comprender su nueva identidad en Cristo.

 ## Mirar hacia adelante

Antes de revisar los pasos de acción para el capítulo, haga una pausa y responda en oración las siguientes preguntas:

- ¿Cómo le está hablando Dios a su corazón hoy?
- ¿Cómo le está llamando Dios a una mayor obediencia?
- ¿Qué hará hoy y esta semana en respuesta a la voz de Dios?

Pasos de acción para este capítulo:

- Escriba nuevas declaraciones de "Yo Voy a" en su diario en este capítulo.
- Memorice dos versículos de este capítulo que hablen de su nueva identidad en Cristo.
- Repase los pasajes de este capítulo. Escriba declaraciones claves sobre quién es usted y reflexione sobre cómo deberían afectar su vida diaria.
- Comience a vivir su nueva identidad:
  - Aprenda a escuchar a Dios hablándole a su corazón y obedezca su voz.
  - Pregúntese: *"¿Cómo puedo honrar más a Dios en este momento? ¿Qué me está llamando a hacer?"*

Capítulo 4
Nueva identidad y seguridad de salvación

Resultado esperado: Cada hacedor de discípulos se mantendrá firme en la seguridad de su salvación, que solo Cristo es suficiente.

Una de las partes más emocionantes de ser un seguidor de Cristo es saber que está completamente perdonado y que es lleno del Espíritu Santo *(2 Corintios 1:21-22)*. El Espíritu está comenzando a transformar su vida de adentro hacia afuera. Un elemento clave de este proceso de transformación es comprender quién es usted realmente ahora que tiene una relación con Cristo. A medida que comienza a comprender su verdadera identidad en Cristo, **¡transformará su corazón y su mente para que pueda convertirse en la persona que Dios tenía en mente al crearle!**

Tómese unos minutos para reflexionar sobre esta breve pero importante pregunta: **¿Quién es usted?** Esta pregunta es fundamental no solo para descubrir su propósito en la vida, sino que también indica cuán efectivo cree que será para cumplir ese propósito. La respuesta a esta pregunta no se relaciona con lo que hace para ganarse la vida, ni con el título que les muestra a las personas cuando le preguntan sobre su vida. Esta pregunta se refiere a lo siguiente:

- ¿Cómo se ve a sí mismo?
- ¿Qué cualidad o característica determinante comunica su perspectiva y personalidad?
- ¿Qué es lo que cree más profundamente sobre sí mismo?

En una o dos oraciones, escriba quién es.

____

____

Existen muchas maneras de responder a esta pregunta. Es probable que la cultura o comunidad en la que vive intente responder a esta pregunta en base a su trabajo, posición social, género, o nacionalidad. Si bien estas áreas son ciertamente *parte* de nuestra identidad, no representan **toda** nuestra identidad.

Aunque esta es una de las preguntas más importantes de la vida que debemos responder, a menudo la dejamos de lado. Para ayudar a simplificar la pregunta, reduzcamos el enfoque a un aspecto crítico respecto a quién es usted. ¿Cuál de estas dos palabras cree que representa mejor quién es?

- **Santo:** *puro, santo, perfecto, justo.*
- **Pecador:** *pecaminoso, fracaso, imperfecto, injusto.*

¿Dónde se ve a sí mismo en esta escala? Encierre en un círculo la opción que crea que mejor le describe como persona.

SANTO 1 2 3 4 5 6 7 8 9 10 **PECADOR**

¿Por qué se clasificó a sí mismo de esa manera?

____

____

Curiosamente, la mayoría de los cristianos tienen a identificarse a sí mismos como más cercanos al extremo "pecador" del rango que al extremo "santo". Como seguidores de Jesús, sabemos que fuimos pecadores que no estuvimos a la altura del estándar de perfección y santidad de Dios *(Romanos 3:23)*. Como resultado de esto, es muy fácil quedar atrapado en esta mentalidad y enfocarnos en vernos a nosotros mismos a través del lente de nuestras imperfecciones y quebrantamiento.

Sin embargo, como seguidores de Jesús, también somos conscientes de que Él vino para liberarnos de las cadenas del pecado que una vez nos ataron en la oscuridad *(Romanos 6:4-8)*. Él vino y vivió una vida perfecta (pura). Voluntariamente eligió pagar el castigo por nuestro pecado al morir en la cruz *(2 Corintios 5:21; Romanos 5:8)* aunque no había hecho nada para merecer el sufrimiento y la humillación de morir por crucifixión.

Jesús conquistó el pecado y la muerte resucitando de entre los muertos *(1 Pedro 1:3-6)*. **¡Cuando ponemos nuestra fe en Él y lo hacemos el líder (Señor) de nuestras vidas, sucede algo radical!** En Cristo, somos completamente perdonados, recibimos la vida eterna, y nuestra identidad se transforma para siempre *(1 Juan 5:13-14; 2 Corintios 5:17)*.

Este cambio radical significa que ya no deberíamos ver nuestra identidad principal como *pecadores*. Por la fe en Cristo y la morada del Espíritu Santo, somos considerados "santos" (santos, justos, perfectos). Nuestra identidad se ha transformado. Si encerró en un círculo algo que no sea 1 (santo) en la escala anterior, es posible que esté basando su identidad en su desempeño en lugar de lo que Jesús hizo por usted en la cruz.

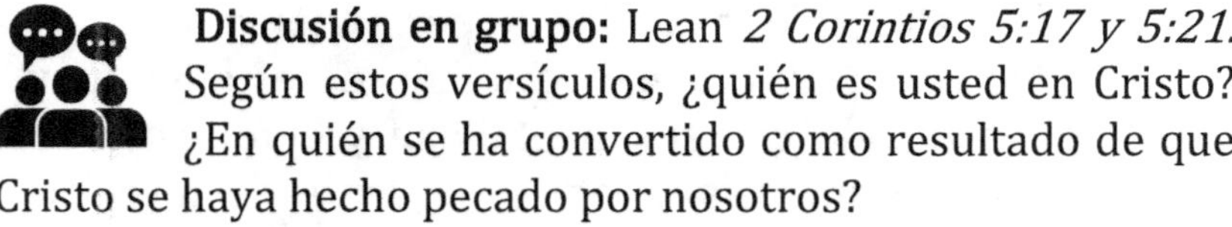

Principio clave: Su identidad como cristiano ya no se basa en su capacidad para cumplir con los estándares de Dios. Su nueva identidad se basa exclusivamente en lo que Jesús hizo en la cruz *(Efesios 2:8-10)*.

Discusión en grupo: Lean *2 Corintios 5:17 y 5:21*. Según estos versículos, ¿quién es usted en Cristo? ¿En quién se ha convertido como resultado de que Cristo se haya hecho pecado por nosotros?

Como seguidor de Jesús, se le ha dado una nueva identidad; la antigua persona que era ya no lo es más en este momento.

Cuando entregó su vida a Cristo, tuvo lugar un intercambio. Cristo tomó sus pecados sobre sí mismo como si fueran los suyos. Pagó la pena de la muerte que merecía *(Romanos 6:23; 5:8)* y a cambio, le dio su justicia *(2 Corintios 5:21)*.

¡Estas son las buenas noticias del Evangelio de Jesucristo! Usted es la justicia de Cristo. Ya no tiene que intentar ganarse el favor de Dios. Se le dio en el momento que entregó su vida a Jesús.

El Nuevo Testamento está lleno de más de cien versículos que describen su nueva identidad en Cristo. Lea los siguientes versículos y haga una declaración de quién es usted como resultado de estas verdades:

*"Pero a todos los que le recibieron, a los que creen en su nombre, les dio derecho de ser hechos **hijos de Dios**" (Juan 1:12).*

Según este versículo, soy hijo de Dios.

*"Con Cristo **he sido juntamente crucificado**; y ya no vivo yo, sino que **Cristo vive en mí**. Lo que ahora vivo en la carne, lo vivo por la fe en el Hijo de Dios, quien me **amó** y se entregó a sí mismo por mí" (Gálatas 2:20).*

Según este versículo, soy amado.

*"Pero vosotros sois **linaje escogido, real sacerdocio, nación santa, pueblo adquirido**, para que anunciéis las virtudes de aquel que os ha **llamado de las tinieblas** a su luz admirable" (1 Pedro 2:9).*

Según este versículo, ¡Soy elegido! ¡Soy de la realeza! ¡Soy santo! ¡Soy especial para Dios! ¡Soy llamado de las tinieblas! ¡Soy llamado a su luz maravillosa!

Cuando el apóstol Pablo escribe a las iglesias en Corinto, Colosas, Filipo, y Éfeso, él comienza cada carta confirmando su nueva identidad en Cristo. Escriba la palabra(s) que usa Pablo para describir a los creyentes en los siguientes pasajes:

1 Corintios 1:2
Soy ____.

Colosenses 1:2
Soy ____.

Filipenses 1:1
Soy ____.

Efesios 1:1
Soy ____.

En Cristo, usted es santo, elegido y considerado santo debido a la justicia de Jesús que se le ha atribuido en su nombre. **Recuerde el principio clave anterior:** *No se espera (y está completamente fuera de su alcance) que usted gane la justicia de Cristo.* La Biblia declara que usted ya es la justicia de Cristo. Tiene una nueva identidad basada únicamente en lo que Jesús hizo por usted.

Personalice las siguientes verdades sobre quién es usted diciendo, "Yo soy..."
- La justicia de Cristo *(2 Corintios 5:21).*
- Un hijo de Dios *(Romanos 8:15-16).*
- Perdonado *(1 Juan 1:9).*
- Santo *(Filipenses 1:1).*
- Libre de las cadenas del pecado *(Romanos 6:6-7).*
- Una obra maestra creada a propósito *(Efesios 2:10).*
- Un heredero del Reino de Dios *(Romanos 8:16-17; Mateo 25:34).*

- Un sacerdocio real *(1 Pedro 2:8-10).*
- Elegido *(Juan 15:19).*
- Aceptado *(Efesios 1:6-7).*
- Un templo del Espíritu Santo *(1 Corintios 3:16; 6:19-20).*
- Una parte vital del cuerpo de Cristo *(1 Corintios 12:12-14).*
- Valorado y amado *(Romanos 5:8).*
- Una luz para el mundo *(Mateo 5:12-14).*
- Receptor de la vida eterna *(Juan 10:28).*

Ahora tiene el poder del Espíritu Santo para ayudarle a ser la persona que Dios tuvo en mente al crearle. Usted tiene el privilegio de elegir vivir una vida transformada gracias al poder del Espíritu.

 **Principio clave: Cuanto más confíe en el poder del Espíritu Santo, más su comportamiento reflejará su verdadera identidad.**

El camino y las luchas de un "Santo"

Incluso si sabe quién es y sabe que el Espíritu Santo le ha dado el poder para vivir de manera diferente, probablemente aún elegiría su pecado en vez de la gloria de Dios en diferentes momentos de su andar con Cristo. La transformación total es un proceso, y toma tiempo apartarse de su antigua forma de vivir, y buscar a Cristo.

En este proceso de transformación, ¿cómo debería responder cuando peca? Reconozca lo que le hizo pecar: Es su vieja naturaleza (viejo hábito). Le sedujo y le llevó a creer la mentira de que su pecado podría satisfacerle.

Al mismo tiempo, debe reconocer el pecado contra el que continúa luchando. Este pecado tiene el potencial de arruinar su vida y las vidas de quienes le rodean. El pecado le separa de Dios y le impide ser quien Dios le diseñó. No se quede en él. Aquí hay un plan simple de cómo responder cuando peca:

1. **Responsabilidad** – Asuma la responsabilidad de su pecado, no ponga excusas ni trate de ocultarlo *(Salmos 32:5).*

2. **Arrepiéntase** – Pida a Dios que le perdone. Luego, apártese de su pecado *(1 Juan 1:9).*

3. **Reflexione** – Piense en lo que le indujo a pecar y volver a su antiguo patrón de vida *(Gálatas 5:16-21).*

4. **Levántese** – Acepte el amor y el perdón de Dios (no se quede estancado en su pecado). Levántese con mayor pasión, sabiendo que Dios le ha dado poder para vivir en libertad del pecado *(Romanos 6:4).*

5. **Vida radical** – ¡Comience inmediatamente a vivir su identidad en Cristo! *(2 Corintios 5:17).*

Su identidad está relacionada con su propósito

"Porque somos hechura de Dios, creados en Cristo Jesús para hacer las buenas obras que Dios preparó de antemano para que anduviésemos en ellas". (Efesios 2:10)

Usted es la obra maestra de Dios. ¿Cree eso? Dios le hizo a propósito, con un propósito. Usted no es un accidente. Le puso en su pueblo, ciudad, o comunidad por una razón. Le puso en esta época de la historia con habilidades, talentos, y la plataforma para hacer grandes cosas para su Reino.

Dios está diseñando oportunidades de manera específica para que usted sea parte de su Reino y misión. Él está trabajando detrás de escena preparando personas y oportunidades para que usted tenga un impacto. Si no vivimos de manera intencional o no somos sensibles a la dirección del Espíritu Santo, perderemos aquellas oportunidades. Es por eso que debemos vivir cada día sintonizados con la voz del Espíritu Santo, dispuestos a obedecer sin vacilar.

Discusión de grupo: Lean *Mateo 5:14-16.* ¿Quién dice este pasaje que es usted? ¿Qué cree que quiso decir Jesús cuando dijo que usted es la *"luz del mundo"*? ¿Cómo se conecta este pasaje con quién es usted y lo que hace?

Usted es la luz del mundo: Sus actitudes, acciones, y la forma en que ama y trata a los demás deberían ser tan **radicalmente diferentes** del mundo que le rodea, de tal forma que usted brille.

Usted ha sido transformado por la gracia de Dios: Esto no es solo para usted, sino para el beneficio de todos los que encuentre. Usted está diseñado para mostrar su luz al mundo; ¡no la oculte de las personas que Jesús quiere salvar!

Los discípulos eran 12 hombres comunes cuyas vidas e identidades fueron totalmente transformadas por Jesús. Ellos calcularon el costo de seguir a Jesús y optaron por vivir vidas radicalmente diferentes. Debido a su voluntad de hacer cualquier cosa que Dios les llamara a hacer, sin importar el costo, Dios los usó para transformar el mundo conocido en su vida.

Discusión de grupo: Lean *Lucas 14:28-33.* ¿Qué revelan estos versículos sobre lo que significa ser un discípulo? ¿Cuál es el costo de ser un verdadero discípulo?

"Un verdadero discípulo es llamado a una obediencia inmediata, radical, y costosa". - *Curtis Sergeant*

- ¿Qué se remueve en su corazón al leer la cita sobre lo que es un verdadero discípulo?

- ¿Está dispuesto a comprometerse a escuchar la voz de Dios y obedecer de inmediato lo que le pide que haga?

Tómese un minuto para orar en silencio. ¿Qué cree que Dios le está llamando a hacer? Comparta con el grupo lo que Dios puso en su corazón y cómo lo va a poner en acción de inmediato.

Aunque la obediencia inmediata requiere sacrificio y abnegación, es la forma más emocionante y satisfactoria de vivir. Usted fue creado con un propósito, colocado en su ciudad para este momento de la historia. ¡Es imposible imaginar las cosas increíbles que Dios le invitará y le capacitará a hacer después! Jesús dijo, *"Yo he venido para que tengan vida, y para que la tengan en abundancia" (Juan 10:10)*.

 **Actividad de grupo:** Divídanse en siete grupos. Asigne un versículo a cada grupo y pida a alguien que explique en sus propias palabras cómo podemos estar seguros de nuestra salvación.

- *1 Juan 5:11-13*
- *Juan 5:24*
- *Juan 10:29*
- *Juan 17:1-3*
- *Judas 1:24*
- *Romanos 8:16*
- *Romanos 8:38-39*

¿Qué promete Jesús a quienes le siguen? En *Juan 10:28,* Jesús promete vida eterna a quienes le siguen: *"Yo les doy vida eterna, y no perecerán jamás, y nadie las arrebatará de mi mano"*.

 **Principio clave:** Si ha confiado en Jesús para ser su Salvador y Señor, entonces ha recibido la vida eterna. ¡Tiene una nueva identidad y ahora es un ciudadano del Reino! ¡Su servicio al Rey comienza ahora *(Juan 6:40)*!

Nuestra seguridad de la vida eterna

1 Juan 1:9 nos dice, *"Si confesamos nuestros pecados, él es fiel y justo para perdonar nuestros pecados y limpiarnos de toda maldad"*. Esto significa que Jesús perdonó todos nuestros pecados, independientemente de cuándo fueron cometidos. ¡Si es un seguidor de Jesús y peca, todavía tiene su salvación!

Su respuesta:

- ¿Ha muerto Jesús por usted? _____ Sí _____ No
- ¿Ha depositado su confianza en Él para el perdón de sus pecados?_____ Sí _____ No
- ¿Usted sabe que ha recibido la vida eterna?
  _____ Sí _____ No

Posibles conclusiones (encierre/resalte uno)

- Me he convertido en un seguidor de Cristo.
- No me he convertido en un seguidor de Cristo.
- Todavía no lo sé.

Si ha hecho de Jesús el Señor y Salvador de su vida, puede llenar con gozo su "certificado de nacimiento espiritual".

Recibí a Jesús en mi vida como mi Salvador. Él me llamó, perdonó mi pecado, tomó el control de mi vida, y es mi Señor. He llegado a ser un hijo de Dios, y soy una nueva creación. He comenzado una nueva vida.

Firma: ____

Fecha: ___________________________________

Modelo y práctica: Nuestra identidad en Cristo se muestra en nuestras respuestas

 **Discusión en grupo:** Ahora que comprende que su identidad está fundada en Cristo, ¿cómo debería responder a los siguientes problemas?

- Cuando soy tentado, yo...

- Cuando fallo, yo...

- Cuando tengo miedo, yo...

- Cuando me enfrento a dificultades, yo...

Su entrenador ahora le dará ejemplos personales de cómo ellos han superado las tentaciones, los fracasos, los miedos, y las dificultades como resultado de comprender su nueva identidad en Cristo.

Pasos de acción para este capítulo:

- Escriba nuevas declaraciones de "Yo Voy a" en su diario en este capítulo.
- Memorice dos versículos de este capítulo que hablen de su nueva identidad en Cristo.
- Repase los pasajes de este capítulo. Escriba declaraciones claves sobre quién es usted y reflexione sobre cómo deberían afectar su vida diaria.
- Comience a vivir su nueva identidad:
  - Crea lo que la Palabra de Dios dice sobre usted.
  - Aprenda a escuchar a Dios hablándole a su corazón y obedezca su voz.
  - Busque oportunidades para ser una luz.
  - Viva cada momento preguntándose: *"¿Cómo puedo honrar más a Dios en este momento? ¿Qué me está llamando a hacer?"*

Continúe compartiendo su historia y la historia de Dios con dos a tres personas en esta semana. Esta es una gran noticia, y es la voluntad de Dios. Él quiere que todos reciban la salvación. ¡Esté listo para compartir lo que sucede!

Diario del capítulo

Yo Voy a: _______________________________________
____
____
____

Yo Voy a: _______________________________________
____
____
____

Yo Voy a: _______________________________________
____
____
____

Yo Voy a: _______________________________________
____
____
____

Notas:
____
____
____
____
____
____
____
____
____
____

Estudio adicional para este capítulo:

Después de leer este capítulo sobre su identidad en Cristo, ¿qué le ha dicho Dios en su Palabra a su corazón acerca de quién es usted?

¿Cómo pueden estas verdades transformar su forma de vivir? Sea lo más específico posible.

¿Qué pasos puede tomar hoy para comenzar a vivir de manera diferente?

Comprométase en esta semana a vivir la Gran Comisión y el Gran Mandamiento en el poder del Espíritu Santo. Esto debe convertirse en la forma normal de vivir como seguidor de Cristo. Al hacerlo, Dios será glorificado y el Reino de los Cielos se expandirá en la tierra.

- ¿Cuál es el punto principal de la Gran Comisión? Lea *Mateo 28:19-20*

- ¿Cuál es el Gran Mandamiento? Lea *Mateo 22:37-39*

- ¿De qué manera el obedecer la segunda parte del Gran Mandamiento es evidencia de su obediencia a la primera parte?

- ¿Qué es lo más amoroso que puede hacer por una persona que no tiene una relación con Cristo?

Capítulo 5 Guía del Entrenador
Viviendo una vida de oración

Meta de entrenamiento (Latido del corazón): Inspirar a cada hacedor de discípulo a buscar fervientemente una relación más profunda con Dios haciendo de la oración una prioridad en su vida diaria.

Resultado esperado (Habilidad/Hábito): Cada hacedor de discípulos experimentará una vida saludable de oración dirigida por el Espíritu Santo y la Palabra de Dios.

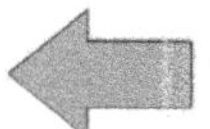 ## Mirar hacia atrás

Dé a todos una oportunidad para compartir, escuchar de los demás, y rendir cuentas. Enfóquese en dar ánimo, ambiente de celebración, y dar seguimiento a las tareas.

- **Obediencia:** Haga que <u>todos</u> informen sobre cómo compartieron su historia, la historia de Dios, y cumplieron con sus declaraciones de "Yo Voy a" desde el último entrenamiento. (Esto puede hacerse en un grupo grande o en grupos más pequeños).
- Es importante no avanzar con el capítulo 5 hasta que todos hayan puesto en práctica lo que aprendieron en el capítulo anterior. Recuerde: De manera intencional y amable, pida a los que entrena que le rindan cuentas.
- **Revisión:** Repase el resultado esperado y el principio clave del Capítulo 4. Resuma los puntos claves aprendidos del entrenamiento anterior.
- **Recuerde:** Todo el entrenamiento es para entrenadores. ¿Están entrenando a otros con lo que están aprendiendo?

Antes de pasar a Mirar hacia arriba, designe al menos a dos personas para que practiquen compartiendo su historia o la historia de Dios en frente del grupo.

 # Mirar hacia arriba

Este capítulo introduce cómo vivir una vida de oración y devoción a Dios. Mientras entrena a aquellos que está discipulando a través de este capítulo, asegúrese de enfocarse en estos conceptos claves:

- Entrene de manera que cada hacedor de discípulos tenga el hábito de orar y tener devocionales personales con Dios diariamente. Anime a todos a definir un tiempo y un lugar diario.
- Enfatice la importancia de la madurez espiritual, la cual exige regularmente estar con Dios, hablar con Él y escuchar de Él. Enfóquese especialmente en la oración modelo de Jesús que se encuentra en *Mateo 6:8-13*.
- **¡Recuerde enfatizar el resultado esperado y el principio clave!** Promueva la memorización de versículos claves de las Escrituras.
- **Escuchando de Dios:** Al final de cada capítulo, tome un tiempo de reflexión y oración silenciosa, buscando específicamente lo que cada persona debería hacer en respuesta a lo Dios está hablando a su corazón.

Modelo y práctica: Demuestre cómo usar la rueda de oración como modelo para el tiempo personal de oración diaria.

 # Mirar hacia adelante

Antes de revisar los pasos de acción para el capítulo, haga una pausa y responda en oración las siguientes preguntas:

- ¿Cómo le está hablando Dios a su corazón hoy?
- ¿Cómo le está llamando Dios a una mayor obediencia?
- ¿Qué hará hoy y esta semana en respuesta a la voz de Dios?

Pasos de acción para este capítulo:

- Escriba nuevas declaraciones de "Yo Voy a" en su diario incluido en el capítulo.
- Comprométase a tener una vida de oración diaria e identifique a quién le rendirá cuentas. Asegúrese de elegir un lugar y tiempo específico.

- Todos los días de esta semana, siga el modelo de Jesús haciendo de la oración una prioridad. Ore 7 minutos al día, 7 días a la semana, por 7 personas de su lista. Ore específicamente por su salvación y continúe compartiendo su historia y la historia de Dios.

- Recuerde llevar toda situación y cada situación a Dios en oración en cualquier momento. No hay ninguna preocupación demasiado pequeña o necesidad demasiado grande.

- Continúe orando para que Dios le conecte con los pre-cristianos y las personas de paz *(Lucas 10)* a quienes el Espíritu Santo está llevando a Jesús. Mientras lo hace, comparta su historia y la historia de Dios.

Capítulo 5
Viviendo una vida de oración

Resultado esperado: Cada hacedor de discípulos experimentará una vida saludable de oración dirigida por el Espíritu Santo y la Palabra de Dios.

Para conocer realmente a una persona, usted necesita pasar tiempo de forma regular con esa persona. La comunicación regular es la clave para cualquier relación cercana. Lo mismo ocurre con Dios. Si quiere tener una relación cercana con Dios, necesitará pasar tiempo con Él. Para hacer esto, es útil "establecer un tiempo" reservado para Dios diariamente.

Una de las formas más efectivas e íntimas de conectarse con Dios es a través de la oración. La oración es simplemente "hablar" con Dios, "oír" a Dios y "escuchar" de Dios. La oración es comunicarse con Dios tal como interactuaría con un cónyuge o amigo. Cuando ore, debe ser auténtico y sincero, ore conforme al modelo de Jesús, cómo él "habló" con Dios y les enseñó a sus discípulos a hacerlo.

 **Discusión en grupo:** Lea *1 Tesalonicenses 5:16-18.* Basado en este pasaje, ¿cuál es la voluntad de Dios para su vida? ¿Con qué frecuencia quiere que oremos?

____

____

Se ha dicho que el latido del corazón de la vida cristiana es la oración. Si no estamos en comunicación regular y frecuente con Dios durante nuestro día, podemos sentirnos espiritualmente "vacíos" o "muertos". La oración también es significativa para vivir una vida llena del Espíritu. El Espíritu Santo está en nosotros y habla a nuestro corazón. Nosotros le respondemos en oración y en obediencia. Podemos orar en voz alta o en silencio en nuestra mente y corazón.

¿Por qué necesitamos orar?

1. **La oración es un mandamiento de Dios:**
   - Usted debería orar constantemente *(Lucas 18:1; 1 Tesalonicenses 5:17).*
   - Ore en el Espíritu, en todo tiempo (Efesios *6:18*).

2. **Para expresar nuestras necesidades e inquietudes a Él:**
   - Puede echar sobre él toda su ansiedad, porque él tiene cuidado de usted *(1 Pedro 5:7; Filipenses 4:6-7).*

3. **Para buscar la guía y dirección de Dios:**
   - *"Clama a mí, y te responderé; y te revelaré cosas grandes e inaccesibles que tú no conoces"* (Jeremías *33:3; Santiago 1:5).*

4. **Para recibir y experimentar misericordia y gracia:**
   - *"Para que alcancemos misericordia y hallemos gracia para el oportuno socorro"* (Hebreos *4:16;* Hechos *3:19-20).*

¿Por qué podemos orar?

*"Por nada estéis afanosos; más bien, presentad vuestras peticiones delante de Dios **en toda oración** y ruego, con acción de gracias. Y la paz de Dios, que sobrepasa todo entendimiento, guardará vuestros corazones y vuestras mentes en Cristo Jesús"* (Filipenses 4:6-7).

La oración es una de las bendiciones más emocionantes que recibimos cuando comenzamos a seguir a Jesús: ¡Podemos orar a Dios por cualquier cosa! Dios quiere llenarnos de su paz y quiere que experimentemos gozo en nuestras vidas independientemente de nuestras actuales circunstancias.

Este es el secreto para encontrar la paz y el gozo en nuestras vidas: Acérquese a Él con sus necesidades. No hay ninguna cosa en la vida por la que Dios quisiera que estemos estresados o ansiosos, ni ningún asunto que no quiera que hablemos con Él. Él nos dice que vayamos a Él en toda circunstancia.

Actividad en grupo: Tómese dos minutos ahora mismo y hable con Dios **por todo** y **en todo** aquello que le preocupa ahora. Si se siente en confianza, comparta esas preocupaciones con los integrantes de su grupo.

En esta semana: Cada vez que sienta estrés o ansiedad en su vida, deténgase inmediatamente y ore a Dios. Pídale que le provea paz mientras le agradece y expresa su confianza en Él para satisfacer todas sus necesidades.

10 cosas para incluir en sus oraciones:

1. <u>Alabanza</u>: Alabe el carácter y la santidad de Dios. Él es el creador y sustentador; Él es omnisciente, omnipotente, amor y verdad *(Salmos 147:5; Apocalipsis 4:11)*.
2. <u>Acción de gracias</u>: Agradezca a Dios por Su gracia, misericordia, provisión, protección, y salvación *(Filipenses 4:6-7; 1 Tesalonicenses 5:18; Colosenses 3:17)*.
3. <u>Lea la Palabra</u>: Lea las promesas de Dios en la Biblia *(1 Juan 2:3-5)*.
4. <u>Ore la Palabra</u>: Ore a través de las oraciones registradas en la Biblia *(Mateo 6:9-13; Colosenses 1:9-12; Efesios 1:15-23; Efesios 3:14-21)*.
5. <u>Petición</u>: Pida a Dios que le haga conocer sus propias necesidades *(Salmos 135:3)*.
6. <u>Intercesión</u>: Pida a Dios que le ayude a conocer y preocuparse por las necesidades de los demás *(1 Timoteo 2:1; Filipenses 2:4)*.
7. <u>Confesión</u>: Pida a Dios que perdone sus pecados *(1 Juan 1:9; Proverbios 28:13)*.

8. <u>Oír</u>: Pida que el Señor le hable y responda en obediencia cuando lo haga *(1 Juan 5:14-15)*.

9. <u>Espere:</u> Esté quieto, permita que Dios guíe sus pensamientos *(Salmos 100:3; Salmos 25:5; 2 Tesalonicenses 3:5)*.

10. <u>Escuchar:</u> Considere las cosas que ha escuchado de Dios, y de las Escrituras *(1 Juan 4:16; Salmos 16:11; Salmos 23:4-6)*.

Mientras busca al Señor en oración, puede haber ocasiones en las que esté esperando una respuesta. En estos casos, hay tres posibles respuestas de Dios. **Sí, no, o espera.** Es posible que Dios no responda tan rápido como nos gustaría. ¡Debemos ser pacientes! Nuestra respuesta a Dios debería ser confiar y obedecer. Podemos estar seguros de que Él escucha nuestras oraciones y se preocupa profundamente por nosotros. También debemos confiar en que Él es lo suficientemente fuerte para intervenir y lo suficientemente sabio como para saber cuándo responder.

<u>Cinco claves para la oración eficaz:</u>
1. **Ore "en el nombre de Jesús" según la voluntad del Padre:** Sólo a través de Jesús una persona puede entrar en la presencia de Dios *(Juan 14:6; 16:23).* Orar en el nombre de Jesús no es simplemente decir las palabras, "en el nombre de Jesús", sino tener un corazón unido al corazón de Cristo. **Orar en el nombre de Jesús es también un reconocimiento de la autoridad de Cristo** *(Juan 14:13).* Dios le ha dado a Jesús toda la autoridad en el cielo y en la tierra *(Mateo 28:18; Filipenses 2:9-10).*

2. **Terminar nuestra oración con "Amén" significa orar con el corazón sincero:** Amén significa "Que así sea." Cuando Jesús enseñó a sus discípulos a orar, terminó su oración diciendo, *"Amén" (Mateo 6:13).*

3. **Ore de una manera conversacional y auténtica. Evite el "balbuceo religioso":** Es importante que nuestras

oraciones no sean rutinas sin sentido *(Mateo 6:5)*. La oración necesita salir de su corazón mostrando lo que realmente siente, piensa, lucha y le apasiona. ¡El compartir de manera auténtica su corazón con Dios le produce un gran gozo!

Dios describe a David como un hombre conforme a su propio corazón *(1 Samuel 13:14)*, y sus oraciones en los Salmos demuestran cómo es su comunicación con Dios. Alaba a Dios, comparte frustraciones, y celebra alegrías y victorias. Se lamenta por las malas decisiones, comparte su dolor y tristeza, y reconoce su total dependencia de Dios en cada área de su vida. ¡Así es como deberíamos orar!

4. **Ore en cualquier lugar, en todo lugar y en todo tiempo:** Uno puede orar en cualquier momento del día y en cualquier lugar—por la mañana, o por la noche, ya sea sentado, parado, caminando, de rodillas, acostado, etc. No hay límite en el tiempo, forma, y/o lugar de oración *(1 Tesalonicenses 5:17)*.

5. **¡Ore con fe para que Dios pueda hacer lo imposible!** Si la fe no está involucrada, no hay gloria para Dios. Nuestras oraciones deben estar enfocadas en el Reino, enraizadas en la Palabra de Dios, y guiadas por la fe. En toda la Biblia, Dios hace lo imposible para alcanzar a los perdidos. En los Evangelios y en el libro de los Hechos, existe una clara conexión entre los milagros y la salvación. Las fervientes oraciones de una persona justa son poderosas y efectivas para "mover montañas" que humanamente son imposibles *(Santiago 5:16; Mateo 17:20; 1 Corintios 13:2)*. *"Y sin fe es imposible agradar a Dios"* (Hebreos 11:6; Santiago 1:6-8).

Actitudes de la oración

Actitud:	Versículo:
En fe...	*"Pero pida con fe, no dudando nada..."(Santiago 1:6)*
Con la correcta motivación y reverencia	*"No tenéis, porque no pedís. Pedís, y no recibís; porque pedís mal"* *(Santiago 4:2-3; Mateo 6:9)*
Confesar pecados	*"Lávame más y más de mi maldad, y límpiame de mi pecado" (Salmos 51:2)*
Conforme a Su voluntad	*"Y ésta es la confianza que tenemos delante de él: que si pedimos algo conforme a su voluntad, él nos oye"* *(1 Juan 5:14)*
Con perseverancia...	*"...de orar siempre y no desmayar" (Lucas 18:1)*

El ejemplo de Jesús de cómo orar

Un día, los discípulos de Jesús se le acercaron y le pidieron que les enseñara a orar. Entonces Jesús hizo una oración breve, sencilla pero poderosa. Podemos aprender principios de esta oración que nos ayudarán en nuestra vida de oración. Aquí está la oración que Jesús hizo:

"Vosotros, pues, orad así:

Padre nuestro que estás en los cielos:
Santificado sea tu nombre,
venga tu reino,
sea hecha tu voluntad,
como en el cielo
así también en la tierra.
El pan nuestro de cada día,
dánoslo hoy.
Perdónanos nuestras deudas,
como también nosotros perdonamos

a nuestros deudores.
Y no nos metas en tentación,
mas líbranos del mal.
[Porque tuyo es el reino,
el poder y la gloria
por todos los siglos. Amén]" (Mateo 6:9-13).

En esta oración, podemos ver al menos ocho principios que Jesús usó para enseñar a sus discípulos cómo orar de manera más efectiva y sincera:

1. Hable con Dios como lo haría un niño con su Padre *(Mateo 6:9).*
2. Adórele y alábele *(Mateo 6:9).*
3. Ore para que Jesús establezca justicia al mundo y regrese pronto *(Mateo 6:10).*
4. Enfóquese en el avance de Su Reino y en estar en sintonía con la voluntad de Dios *(Mateo 6:10).*
5. Pídale que le guíe y sea el Rey de su vida *(Mateo 6:10).*
6. Pídale que satisfaga sus necesidades y las necesidades de otros que usted conoce *(Mateo 6:11).*
7. Confiésele sus pecados y perdone a aquellos que usted no ha perdonado *(Mateo 6:12).*
8. Pida por protección y victoria sobre la tentación y el pecado *(Mateo 6:13).*

Jesús les muestra a sus seguidores que la oración no tiene por qué ser larga, complicada o sonar súper espiritual. Las oraciones más efectivas son aquellas que son honestas, relacionales, y de corazón. Dios invita a su pueblo a presentar toda necesidad, preocupación, o temor ante su trono.

Modelo y práctica: Orando con la rueda de oración

Su entrenador ahora tomará tiempo para dar el ejemplo de cómo orar a través de una herramienta llamada la rueda de oración.

La rueda de oración es una simple ilustración que puede mantenerlo concentrado mientras ora. También es una manera fácil de entrenar a otros cómo dedicar tiempo a la oración. Los 8 principios claves del Padre Nuestro están representados en la rueda de oración que se muestra a continuación.

Alabanza y Acción de gracias
Principios 1 y 2

Confesión
Principio 7

Intercesión
Principios 3 y 6

Oír
Principios 4 y 5

Petición
Principios 6 y 8

Actividad en grupo: Reúnanse en grupo de dos o tres y practiquen orar juntos utilizando la rueda de oración. Comience y termine sus oraciones con alabanza y acción de gracias.

Pasos de acción para este capítulo:

- Escriba nuevas declaraciones de "Yo Voy a" en su diario en este capítulo. ¿Qué hará en respuesta a la voz de Dios?
- Comprométase a tener una vida de oración diaria e identifique a quién le rendirá cuentas. Asegúrese de elegir un lugar y tiempo específico.
- Todos los días de esta semana, siga el modelo de Jesús haciendo de la oración una prioridad. Ore 7 minutos al día, 7 días a la semana, por 7 personas de su lista. Ore específicamente por su salvación y continúe compartiendo su historia y la historia de Dios.

- Recuerde llevar cualquier cosa y todas las cosas a Dios en oración en todo momento. No hay ninguna preocupación demasiado pequeña o necesidad demasiado grande. Deténgase y susurre una oración tan pronto como alguna preocupación venga a su mente.
- Continúe orando para que Dios le conecte con los pre-cristianos y las personas de paz *(Lucas 10)* a quienes el Espíritu Santo está llevando a Jesús. Mientras lo hace, comparta su historia y la historia de Dios.

El Evangelio es una gran noticia, y es la voluntad de Dios que compartamos su historia con otros. Él desea que todos lo experimenten. Esté preparado para compartir con su entrenador cómo Dios abrió puertas y le dio la oportunidad de compartir su historia en esta semana.

Diario del capítulo

Yo Voy a: ____
____
____
____

Yo Voy a: ____
____
____
____

Yo Voy a: ____
____
____
____

Yo Voy a: ____
____
____
____

Notas:
____
____
____
____
____
____
____
____
____
____
____
____

Estudio adicional para este capítulo:

<u>Oración y ayuno</u>

Para aquellos que no están familiarizados, el ayunar es simplemente abstenerse de comer con un propósito espiritual en mente. ¡No es auto-privación, sino una disciplina espiritual para buscar más de Dios! Mientras ayuna, asegúrese de no permitir que sus deseos lo distraigan sino que sirvan como un recordatorio de su propia necesidad de Él y del hambre espiritual que cada día tienen las personas que no conocen a Jesús *(Juan 4:31-38)*.

Continúe orando y comience a ayunar por las personas de su lista y aquellos con quienes se encuentre. Pídale a Dios que le dé audacia, sabiduría, discernimiento, y fuerza para ayudarle a ser fiel. Pídale que lo llene de Su amor por las personas con que hablará esta semana. A medida que sienta el dolor del hambre, pídale al Espíritu que desarrolle en usted una urgencia por la cual orar y acercarse a las personas de su lista. **¡Tenga un diario de sus oraciones y también anote cómo Dios las responde!**

Capítulo 6 Guía del Entrenador
Aprendiendo a alimentarse

Meta de entrenamiento (Latido del corazón): Fomentar en cada hacedor de discípulo el hambre de estudiar la Palabra de Dios, discernir su voz, y aplicarla a su vida.

Resultado esperado (Habilidad/Hábito): Cada hacedor de discípulos leerá y estudiará fielmente la Palabra de Dios para discernir mejor Su voz y tener el valor de obedecer todo lo que Dios diga.

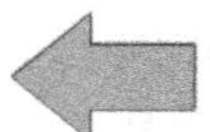 ## Mirar hacia atrás

Dé a todos una oportunidad para compartir, escuchar de los demás, y rendir cuentas. Enfóquese en dar ánimo, ambiente de celebración, y dar seguimiento a las tareas.

- **Obediencia:** Haga que <u>todos</u> informen sobre cómo compartieron su historia, la historia de Dios y cumplieron con sus declaraciones de "Yo Voy a" desde el último entrenamiento. Es importante no avanzar con el capítulo 6 hasta que todos hayan puesto en práctica lo que aprendieron acerca de la oración. Recuerde: Sea intencional para pedir cuentas de manera amable a los que entrena.
  - ¿Pasó al menos 7 minutos al día en oración? ¿Fue capaz de tener un tiempo y un lugar constante para orar?
  - ¿Oró por 7 personas de su lista todos los días?
  - ¿Practicó orar por todo y en todo? ¿Cómo le fue?
- **Revisión:** Repase el resultado esperado y el principio clave del Capítulo 5. Resuma los puntos claves aprendidos del entrenamiento anterior.
- **Recuerde:** Todo el entrenamiento es para entrenadores. ¿Alguien entrenó a alguna persona en la oración usando la rueda de la oración?

Antes de avanzar a Mirar hacia arriba, designe al menos a dos personas para que practiquen el compartir su historia o la historia de Dios en frente del grupo.

 # Mirar hacia arriba

Este capítulo describe un plan de estudio bíblico personal. Mientras entrena a aquellos que está discipulando a través de este capítulo, asegúrese de enfocarse en estos conceptos claves:

- Entrene de manera que cada hacedor de discípulos entienda la importancia de crecer en su amor y conocimiento de la Palabra de Dios. Asegúrese también de que sean capaces de implementar de manera práctica el plan de estudio bíblico personal.
- **¡Recuerde enfatizar el resultado esperado y el principio clave!**
- Promueva la memorización de versículos claves de las Escrituras.
- **Escuchando de Dios:** Al final de cada capítulo, tome un tiempo de reflexión y oración silenciosa, buscando específicamente lo que cada persona debería hacer en respuesta a lo Dios está hablando a su corazón.

Modelo y práctica: Demuestre la manera de hacer un estudio bíblico personal para que todos vean cómo hacerlo. Practiquen juntos.

 # Mirar hacia adelante

Antes de revisar los pasos de acción para el capítulo, haga una pausa y responda en oración las siguientes preguntas:
- ¿Cómo le está hablando Dios a su corazón hoy?
- ¿Cómo le está llamando Dios a una mayor obediencia?
- ¿Qué hará hoy y esta semana en respuesta a la voz de Dios?

Pasos de acción para este capítulo:
- Escriba nuevas declaraciones de "Yo Voy a" en su diario incluido en este capítulo. ¿Qué hará hoy y esta semana en respuesta a la voz de Dios?
- Estudie la Biblia usando el método de estudio bíblico EOAOC al menos una vez en esta semana en su tiempo

devocional. Esté preparado para compartir en el siguiente entrenamiento lo que ha aprendido y con quién lo compartió. Asegúrese de cumplir con sus declaraciones de "Yo Voy a".

- Haga seguimiento a aquellos con los que ha estado compartiendo. Anime a todo aquel que lleve a Cristo a estudiar las Escrituras con el método de estudio EOAOC que aprendió en este capítulo.
- Continúe compartiendo su historia y la historia de Dios con al menos dos a tres personas en esta semana. **Esté listo para informar sobre lo ocurrido.**

Capítulo 6
Aprendiendo a alimentarse

Resultado esperado: Cada hacedor de discípulos leerá y estudiará fielmente la Palabra de Dios para discernir mejor Su voz y tener el valor de obedecer todo lo que Dios diga.

Un recién nacido confía en su madre para ser alimentado, pero luego debe aprender a alimentarse. De la misma forma, los cristianos deben aprender a alimentarse para madurar. Una de las mejores formas de crecer es comenzar a dedicar tiempo a la Palabra de Dios por cuenta propia. Al comenzar a confiar y obedecer la Palabra de Dios, permita que el Espíritu Santo lo guíe a través de las siguientes prácticas:

- Estudiar y comprender las Escrituras.
- Aplicar y obedecer las Escrituras.
- Orar a través y acerca de las Escrituras.
- Compartir las Escrituras con los demás.

 **Principio clave: Cada creyente debe aprender a crecer entendiendo, confiando, obedeciendo, y compartiendo la Palabra de Dios.**

Conocer y obedecer la Biblia es un elemento determinante en la vida de un discípulo. La razón por la que leemos la Palabra de Dios es para escuchar su voz y crecer en relación con Él. Cuanto más tiempo pasemos en la Palabra de Dios, más comenzaremos a reconocer su voz. Una vez que escuchemos su voz, pondremos en acción lo que Él dijo, a través de la obediencia y la aplicación. Es por eso que animamos a cada discípulo a leer diariamente la Biblia y a leerla al menos una vez al año, cada año.

¿Está siguiendo un plan de lectura bíblica? Si va a hacer de la lectura bíblica una prioridad, necesita un plan. Considere obtener una aplicación para su teléfono como *YouVersion Bible,* que tiene una guía diaria para ayudarlo a leer la Biblia durante el próximo año. También podría comprar una Biblia "Lea la Biblia en un año" o encontrar un recurso en línea que pueda ayudarlo a desarrollar un plan de lectura. Si sólo lee **cuatro capítulos** de la Biblia todos los días, terminará de leer toda la Biblia en 11 meses. Esto significa que incluso si falla un día, puede leer la Biblia en menos de un año. Pregunte a su entrenador cualquier interrogante que tenga respecto a estas u otras opciones.

<u>Alimentarse mediante un Estudio bíblico personal</u>

Un plan de estudio bíblico personal es una excelente manera de ser intencional y concentrarse en su estudio de las Escrituras y su crecimiento como discípulo. El proceso del EOAOC (SOAPS en Inglés) es una herramienta que puede utilizar a medida que aprende a alimentarse de las Escrituras. El EOAOC representa estos pasos:

Escrituras

Observación

Aplicación

Oración

Compartir

Seguir estos cinco pasos proporciona un método de estudio bíblico simple, práctico, reproducible, y eficaz que cualquier seguidor de Jesús puede usar y entrenar a otros a usarlo. Describamos ese proceso.

Antes de comenzar a leer las Escrituras, practique la comunicación con Dios (oración) diciéndole que desea pasar tiempo con Él. Pídale que le hable por medio de su Espíritu y sus palabras de las Escrituras.

Tenga papel, un diario, o una computadora para que pueda tomar notas y registrar lo que está aprendiendo, escuchando, o procesando mientras estudia.

Cuando esté listo, lea o escuche la Biblia y siga los pasos de EOAOC que se describen a continuación:

1. **Escrituras:** Elija un pasaje y léalo o escúchelo al menos dos veces. Escriba versículos o frases que le llamen la atención y que quiera recordar. Escriba las cosas que le gustaría comprender mejor o sobre las que tenga dudas.

2. **Observación:** Mientras lee y relee el pasaje, haga preguntas sobre el pasaje como las que se enumeran en las siguientes viñetas. Escriba sus pensamientos, ideas, o cualquier verdad que esté procesando del pasaje.
   - ¿Qué le gustó acerca de este pasaje?
   - ¿Le preocupó algo? ¿Por qué?
   - ¿Qué nos enseña este pasaje acerca de Dios?
   - ¿Qué nos enseña este pasaje acerca de las personas?
   - ¿Qué nos enseña este pasaje acerca del pecado?
   - ¿Hay algún ejemplo para seguir?
   - ¿Hay algún mandato para obedecer?
   - ¿Hay alguna acción para tomar o evitar?
   - ¿Hay alguna promesa para reclamar?
   - ¿Con quién compartiría esta verdad?

3. **Aplicación:** Mientras lee las Escrituras, piense en lo que significa obedecer estos mandamientos o conceptos en su propia vida. Pregúntese, *"¿Cómo necesito responder hoy a la luz de lo que acabo de leer? ¿Qué tendría que hacer? ¿Hay un área de mi vida en la que necesito hacer las cosas de manera diferente?"* Escriba sus pensamientos y aplicaciones específicas sobre lo que siente que necesita hacer en base a la Palabra de Dios y su Espíritu.

4. **Oración:** Deténgase y piense en lo que acaba de leer y sentir en este pasaje. Tómese unos minutos y pídale al Espíritu de Dios que le hable sobre cualquier cosa específica que necesita hacer a la luz de este pasaje. Anote todo lo que sienta que necesita hacer. Luego, escriba una oración corta que le diga a Dios lo que ha leído en su Palabra, lo que entiende acerca de obedecer

sus mandamientos, y lo que planea poner en práctica en base a lo que ha aprendido. Haga la oración que le escribió a Dios y pídale ayuda para vivir este día para Él.

5. **Compartir:** Reflexione en oración sobre quiénes necesitan escuchar las verdades que Dios le ha revelado. Escriba sus nombres, ore por ellos, y considere un momento en el que podría compartir con ellos de manera intencional lo que está aprendiendo.

   Recuerde: La Palabra de Dios no es sólo para usted, sino también para los demás. Comparta con los demás lo que ha aprendido y cuénteles cómo obedeció y aplicó las Escrituras a su vida. Es posible que le hagan responsable de rendir cuentas y encuentren formas de ayudarle a obedecer la Palabra de Dios. A menudo descubrirá que el Espíritu de Dios ya les ha estado hablado acerca de los mismos conceptos o verdades, y se emocionarán de que Dios les esté utilizando en este proceso.

Para iniciar un diálogo con los demás sobre lo que Dios le está mostrando en su lectura, puede usar la frase, "*mientras leía mi Biblia el día de hoy, sentí que Dios me mostró algo, y pensé en compartirlo con usted*", o, "*estaba peguntándome qué pensaría sobre lo que estoy analizando*", y espere una respuesta. Si el Espíritu Santo está obrando en su corazón, pedirán escuchar más. Comparta su fe con aquellos que entablan conversación.

Un ejemplo de EOAOC
Vamos a dar un breve ejemplo de cómo se verían sus notas usando EOAOC de un pasaje corto de las Escrituras.

Ore y luego lea este pasaje varias veces:
"*Cualquiera, pues, que me oye estas palabras y las hace, será semejante a un hombre prudente que edificó su casa sobre la peña. Y cayó la lluvia, vinieron torrentes, soplaron vientos y golpearon contra aquella casa. Pero ella no se derrumbó, porque se había fundado sobre la peña. Pero todo el que me*

oye estas palabras y no las hace, será semejante a un hombre insensato que edificó su casa sobre la arena. Cayó la lluvia, vinieron torrentes, y soplaron vientos, y azotaron contra aquella casa. Y se derrumbó, y fue grande su ruina" (Mateo 7:24-27).

1. Escrituras

- Todos los que escuchan estas palabras y las hacen en contraste con los que las escuchan y no las hacen.
- La gente quedó asombrada por su enseñanza.

2. Observación

- La casa de la persona prudente permanecerá en pie, y la casa de la persona insensata probablemente caerá cuando vengan las tormentas de la vida. Y las tormentas vendrán. Quiero estar "fundado en la roca".
- La enseñanza de Jesús fue muy diferente a la de los maestros de su época. ¿Qué significa tener "autoridad" al enseñar?
- Todos escucharon el mismo mensaje de Jesús; la diferencia no estaba en escuchar, sino en quienes ponían en acción lo que escuchaban. Ellos fueron obedientes.
- ¿Hay áreas en las que no estoy escuchando y siendo obediente a Jesús?

3. Aplicación

- ¿Qué áreas de mi vida hoy en día podrían ser incompatibles con lo que enseñan las Escrituras? Jesús, siento que estoy luchando con la preocupación, y sé que quieres que eche todas mis cargas sobre ti. Ayúdame a hacer eso hoy.
- Quiero ser alguien que tenga un nivel de autoridad espiritual. Dios, ayúdame a conocer tu Palabra y a ser sensible al Espíritu para que pueda compartir solo la verdad de quién eres y lo que deseas de una manera que impacte a los demás.

4. **Oración**
   - Después de unos minutos de oración y de preguntarle a Jesús qué quiere de mí, escribí lo siguiente:

     Señor Jesús, quiero decir que "sí" a todo lo que me pidas y ser obediente en cada área de mi vida hoy. Mientras leo tus palabras y trato de ser sensible a tu Espíritu, por favor déjame tener oídos para escuchar, un corazón para responder, y tus fuerzas para ser capaz de cumplir todo lo que me pides que haga. ¡Que pueda edificar mi vida sobre ti y tu verdad! Amén.

5. **Compartir**
   - Durante mi oración sentí que debía compartir de manera específica con estas dos personas en esta semana:

     Jesús, ayúdame a compartir con JoAnne en esta semana, ya que sé que está pasando por algunas tormentas en su vida y está tratando de encontrar alguna dirección. Ayúdala a tener oídos para oír. También, ayúdame a compartir con Timmy, ya que él está queriendo seguirte, pero no está siendo obediente a lo que dices. Ayúdame a compartir que la diferencia entre el prudente y el insensato es la obediencia a Jesús.

EOAOC es **así** de simple y práctico. Se puede hacer en diez minutos, o podría pasar horas usando esta herramienta en muchos pasajes. La clave es pasar tiempo con Jesús con regularidad, escuchando a su Espíritu y su Palabra. Al hacer esto, crecemos en nuestra compresión de Él, aplicamos lo que aprendemos a nuestras vidas, y luego compartimos con otros lo que estamos aprendiendo. Esto nos ayudará a alimentarnos continuamente y a madurar como discípulos que luego pueden ayudar a hacer más discípulos. Ahora tomemos un tiempo para practicar el uso de esta herramienta.

Modelo y práctica: Estudio Bíblico Personal

A continuación hay varios pasajes de la Escritura para que practique este método de estudio bíblico personal. Su entrenador escogerá un pasaje y dará el modelo de cómo usar eficazmente este método. Después que su entrenador dé el modelo del método, practiquen juntos utilizando la plantilla de la siguiente página.

<u>Pasajes sugeridos para practicar:</u>
El pastor y sus ovejas *(Juan 10:22-30)*
Permaneciendo en Cristo *(Juan 15:1-9)*
El hijo pródigo *(Lucas 15:11-24)*
Oración *(Mateo 6:5-15)*
Comunión *(Hechos 2:41-47)*
Siendo testigo *(Hechos 1:3-9)*
El gran mandamiento *(Marcos 12:28-34)*
Parábola del sembrador *(Mateo 13:3-8, 18-23)*
Parábola de los talentos *(Mateo 25:14-30)*
Parábola de la viuda persistente *(Lucas 18:2-8)*
El costo del discipulado *(Lucas 14:25-33)*
La mujer Samaritana en el pozo *(Juan 4:7-45)*
Denuedo ante la persecución *(Hechos 4:23-31)*

Plantilla para el Estudio Bíblico Personal

<u>EOAOC</u>

<u>Escrituras</u>

<u>Observación</u>

<u>Aplicación</u>

<u>Oración</u>

<u>Compartir</u>

Pasos de acción para este capítulo:

- Escriba nuevas declaraciones de "Yo Voy a" en su diario en este capítulo. ¿Qué hará hoy y esta semana en respuesta a la voz de Dios?

- Estudie la Biblia usando el método de estudio bíblico EOAOC al menos una vez en esta semana en su tiempo devocional. Esté preparado para compartir en el siguiente entrenamiento lo que ha aprendido y con quién lo compartió. Asegúrese de cumplir con sus declaraciones de "Yo Voy a".

- Dé seguimiento a aquellos con los que ha estado compartiendo. Anime a todo aquel que lleve a Cristo a estudiar las Escrituras con el método de estudio EOAOC que aprendió en este capítulo.

- Continúe compartiendo su historia y la historia de Dios con al menos dos a tres personas en esta semana. **Esté listo para informar sobre lo ocurrido.**

Diario del capítulo

Yo Voy a: _______________________________

____

____

____

Yo Voy a: _______________________________

____

____

____

Yo Voy a: _______________________________

____

____

____

Yo Voy a: _______________________________

____

____

____

Notas:

____

____

____

____

____

____

____

____

____

____

____

____

Meta de entrenamiento (Latido del corazón): Mostrar a cada hacedor de discípulos cómo crear una rutina diaria para pasar tiempo en la Palabra de Dios, escuchar su voz, y obedecer inmediatamente lo que Él dijo.

Resultado esperado (Habilidad/Hábito): Cada hacedor de discípulos dedicará tiempo todos los días para pasar con Dios, esto incluye la lectura de su Palabra, la oración y responder en obediencia.

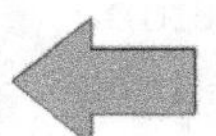 ## Mirar hacia atrás

Dé a todos una oportunidad para compartir, escuchar de los demás, y rendir cuentas. Enfóquese en dar ánimo, ambiente de celebración, y dar seguimiento a las tareas.

- **Obediencia:** Haga que <u>todos</u> informen sobre cómo compartieron su historia, la historia de Dios y cumplieron con sus declaraciones de "Yo Voy a" desde el último entrenamiento. (Esto puede hacerse en un grupo grande o en grupos más pequeños). Es importante no avanzar con el capítulo 7 hasta que todos hayan puesto en práctica lo que aprendieron acerca del método de estudio EOAOC. **Recuerde: Sea intencional al pedir amablemente a los que entrena que le rindan cuentan.**
  - ¿Estudió la Biblia usando el método de estudio EOAOC?
  - ¿Cuántos días utilizó el método EOAOC durante su tiempo devocional diario?
  - ¿Cómo fueron las conversaciones con aquellos a quienes el Espíritu Santo le dijo que compartiera?
- **Revisión:** Repase el resultado esperado y el principio clave del Capítulo 6. Resuma los puntos claves aprendidos del entrenamiento anterior.
- **Recuerde:** El entrenamiento es para entrenadores. ¿Entrenó a alguien en cómo orar?

Antes de avanzar a Mirar hacia arriba, designe al menos a dos personas para que practiquen el compartir su historia o la historia de Dios en frente del grupo.

 ## Mirar hacia arriba

Este capítulo presenta la importancia de pasar tiempo a solas con Dios para tener una relación personal con Él. Asegúrese de enfocarse en estos conceptos claves:

- Entrene de manera que cada hacedor de discípulos tenga el hábito de orar y tener devocionales personales con Dios diariamente.
- Enfatice la importancia de reservar diariamente un tiempo específico para hablar con Dios y pasar tiempo en Su Palabra. Como discípulos, debemos escuchar su voz y estar listos para obedecer de inmediato lo que Él llama a hacer.
- **¡Recuerde enfatizar el resultado esperado y el principio clave!** Promueva la memorización de versículos claves de las Escrituras.
- **Escuchando de Dios:** Tome un tiempo de reflexión y oración silenciosa, buscando específicamente lo que cada persona debería hacer en respuesta a lo Dios está hablando a su corazón.

Modelo y práctica: Realice una demostración de cómo hacen sus propias devociones diarias. Anime a los que discipula a practicar en esta semana.

 ## Mirar hacia adelante

Antes de revisar los pasos de acción para el capítulo, haga una pausa y responda en oración las siguientes preguntas:
- ¿Cómo le está hablando Dios a su corazón hoy?
- ¿Cómo le está llamando Dios a una mayor obediencia?
- ¿Qué hará hoy y esta semana en respuesta a la voz de Dios?

Pasos de acción para este capítulo:
- Escriba nuevas declaraciones de "Yo Voy a" en su diario en este capítulo.

- ¿Está dispuesto a comprometerse a una devoción diaria? **Identifique quién lo animará y le pedirá cuentas de su compromiso.** Anime y desafíe a los que discipula a establecer un tiempo y lugar específico para que mantengan una devoción diaria. ¡Muéstreles cómo y haga que rindan cuentas de ello!
- Recuerde orar diariamente para que Dios le guíe a los pre-Cristianos. Además, continúe compartiendo su historia y la historia de Dios con más personas en esta semana. **¡Esté preparado para informar los resultados de lo compartido con su entrenador!**

Capítulo 7
Una relación diaria con Dios

Resultado esperado: Cada hacedor de discípulos dedicará tiempo para pasar con Dios cada día, esto incluye la lectura de su Palabra, la oración y responder en obediencia.

En los últimos dos capítulos, aprendió cómo pasar tiempo con Dios de manera regular a través de la lectura de las Escrituras y la oración. Cuando practica aquellas habilidades a diario, a menudo se lo denomina "devoción diaria". Cuando haga de la devoción diaria un hábito continuo en su vida, encontrará que su relación con Dios puede crecer enormemente. Necesitamos abrazar esta realidad: **¡El Dios del universo quiere pasar tiempo a solas con usted, todos los días!** Una devoción diaria es una de las mejores maneras de disfrutar esa relación con nuestro Creador.

En todos los Evangelios, Jesús tenía el hábito de irse solo para pasar tiempo con Dios. *"Habiéndose levantado muy de madrugada, todavía de noche, Jesús salió y se fue a un lugar desierto y allí oraba" (Marcos 1:35; Vea también: Lucas 5:16; Mateo 14:23; Lucas 22:39-44).* Si Jesús hizo un esfuerzo por orar regularmente y pasar tiempo con su Padre, ¿cuánto más lo necesitamos hoy?

Dos componentes simples para una vida devocional

1. Hable y escuche a Dios a través de la oración (basado en lo que aprendió en el Capítulo 5).

2. Deje que Dios le hable a través de la lectura y reflexión de la Biblia y escuchando al Espíritu Santo (utilizando el método EOAOC en el Capítulo 6 y practicando el Capítulo 1).

El propósito de nuestra vida devocional
1. **Adorar a Dios**: ¡Honrarlo y disfrutarlo!
2. **Crecer en nuestra comunión con Dios:** Nos conectamos con Él y podemos compartir nuestras alegrías e inquietudes a medida que nos acercamos a Él.
3. **Ser guiado por Dios:** Obedecer su voluntad y planes para nuestras vidas mientras dirigimos a otros hacia Él.

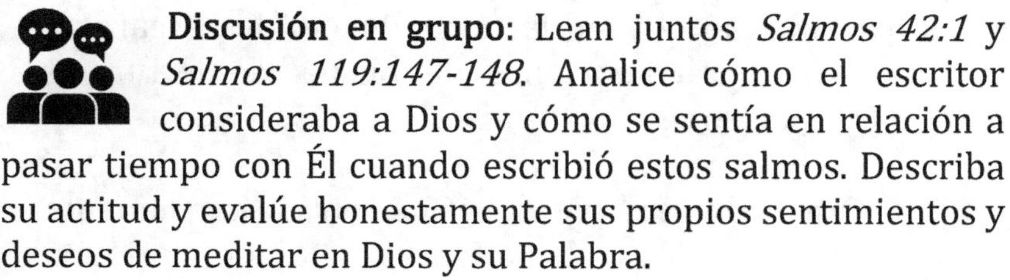 **Discusión en grupo**: Lean juntos *Salmos 42:1* y *Salmos 119:147-148*. Analice cómo el escritor consideraba a Dios y cómo se sentía en relación a pasar tiempo con Él cuando escribió estos salmos. Describa su actitud y evalúe honestamente sus propios sentimientos y deseos de meditar en Dios y su Palabra.

Herramientas para sus devocionales diarios
Biblia: Lea o escuche las Escrituras cada día, y luego anote o comparta con alguien lo que aprendió de la lectura. Reflexione sobre lo que lee durante el día. Leer la Palabra de Dios es tan poderoso en nuestras vidas que responde a algunas de las preguntas más grandes de la vida como ser: ¿De dónde vengo? ¿Por qué existo? ¿Cómo debería vivir? ¿Qué pasará cuando muera?

Diario/Notas: Durante su tiempo devocional, necesitará poder escribir lo que siente que Dios le está diciendo y los nombres y necesidades de aquellos por quienes está orando. Puede ser beneficioso tener un segundo cuaderno para anotar las cosas que le vienen a la mente y que interrumpen su tiempo con Dios. Durante su tiempo de oración, es posible que recuerde que debe cortar el césped, buscar la leche, o llamar a un amigo. Escriba las cosas que le distraen en el segundo cuaderno. Esto le permitirá despejar su mente de interrupciones y distracciones, para que pueda concentrarse en Dios. Cuando haya terminado con sus devociones, puede cambiar el enfoque a su lista de tareas pendientes.

Tiempo y lugar: Elija un tiempo y lugar donde pueda encontrarse consistentemente con Dios sin ser perturbado. Considere poner su teléfono en silencio o (si es posible) en otra habitación. Crear un ambiente donde pueda acercarse a Dios hará que el tiempo sea aún más fructífero.

Plan: Lea la Biblia con intencionalidad, medite, tome notas ore, y obedezca. Es de ayuda utilizar un plan de lectura bíblica para organizar su lectura. Puede descargar una aplicación con varias opciones de planes de lectura en <u>www.youversion.com</u>.

 **Discusión en grupo:** ¿Qué otras herramientas utiliza que le ayudan a tener un tiempo diario más efectivo con Dios? Comparta cómo las utiliza y por qué son útiles para su tiempo devocional. ¿Tiene un tiempo y un lugar que ya está funcionando para usted? ¿Por qué eligió ese lugar y ese tiempo?

<u>Cómo meditar en la Palabra de Dios</u>
Meditar en la Palabra de Dios es dejar intencionalmente que sus verdades penetren lo más profundo de su corazón. No se trata solo de conocer la verdad de Dios; se trata de tomarse el tiempo para reflexionar, procesar, y absorber sus verdades en lo más profundo de su ser. La Palabra de Dios es viva y activa. Es por eso que el mismo pasaje y las mismas preguntas hablarán a nuestro corazón de manera diferente cada vez.

A medida que lea un pasaje cada día, trate de hacerse buenas preguntas sobre cómo estas verdades pueden transformar su vida tal como lo practicamos en el método EOAOC:
- ¿Qué captó su atención en este pasaje?
- ¿Qué le gustó acerca de este pasaje?
- ¿Algo le molestó? ¿Por qué?
- ¿Qué aprendió acerca de Dios?
- ¿Qué aprendió acerca de las personas?
- ¿Hay algún ejemplo para seguir?

- ¿Hay algún mandato para obedecer?
- ¿Hay alguna acción para evitar?
- ¿Hay alguna promesa que reclamar?
- ¿Con quién compartiría esta verdad?

***Nota importante:** Es posible que no haya una respuesta para cada pregunta en cada pasaje. Enfóquese en las respuestas que correspondan.

Desarrollando su vida devocional

Es esencial para su crecimiento como seguidor de Jesús que sea fiel en mantener sus devociones diarias. Como cualquier otra reunión importante que tenga durante el día, colóquela en su calendario o establezca un recordatorio en su teléfono. Elija una hora regular y un lugar con los que pueda comprometerse. **Haga de su tiempo con Dios una prioridad diaria.**

La frecuencia con la que elija reunirse con Dios será la decisión más importante en su andar con Dios. Si descuida esto, perderá el poder para ser usado por Él y cumplir así la misión para la cual le creó. El único factor en común que han tenido todos los grandes hombre y mujeres de Dios a lo largo de la historia, es que diariamente pasaron un tiempo significativo a solas con Dios.

Es su decisión la frecuencia con la que se reúne con Dios. Apartar el tiempo diario para con Dios será un catalizador para el crecimiento espiritual y la profundización de su relación con Él.

Mientras Jesús estaba en esta tierra, dijo, *"Buscad primeramente el reino de Dios y su justicia"* (Mateo 6:33). De todas las cosas que podría encontrar en este mundo, no hay nada más importante que encontrar a Dios de manera constante. **¡Si está demasiado ocupado para pasar tiempo con Dios, usted está demasiado ocupado! ¡Sus prioridades necesitan ser reorganizadas!**

Uno de los deseos de Dios es que usted tenga comunión con Él y le conozca. Su objetivo debería ser alabar y adorar a Dios encontrándose con Él de manera constante, leyendo su Palabra y hablándole en oración.

 **Principio clave: El propósito principal de las devociones diarias es conocer y adorar a Dios y responder en obediencia a Su Palabra y Su Espíritu.**

Modelo y práctica: Devociones diarias

Su entrenador ahora tomará tiempo para hacer una demostración de cómo hacen sus propias devociones diarias con la oración y el método de estudio bíblico EOAOC, respondiendo a cualquier pregunta que pueda tener para que también pueda practicarlo en su propia vida.

 **Discusión en grupo:** Reúnanse en grupos de dos o tres y debatan sobre cómo hacen sus devociones diarias y cualquier cambio/adición que deba hacerse según este capítulo.

Pasos de acción para este capítulo:

- Escriba nuevas declaraciones de "Yo Voy a" en su diario incluido en este capítulo. ¿Qué puede hacer en concreto en respuesta a escuchar la voz de Dios hoy y esta semana?

- ¿Está dispuesto a comprometerse a una devoción diaria? **Identifique quién lo animará y le hará responsable de su compromiso.** Anime y desafíe a los que discipula a establecer un tiempo y un lugar específico para que mantengan una devoción diaria. ¡Muéstreles cómo y haga que rindan cuentas de ello!

Tiempo:

Lugar:

- Recuerde orar diariamente para que Dios le guíe a los pre-Cristianos. Además, continúe compartiendo su historia y la historia de Dios con más personas en esta semana. **¡Esté preparado para informar los resultados de lo compartido con su entrenador!**

Diario del capítulo

Yo Voy a: _______________________________

____

____

____

Yo Voy a: _______________________________

____

____

____

Yo Voy a: _______________________________

____

____

____

Yo Voy a: _______________________________

____

____

____

Notas:

____

____

____

____

____

____

____

____

____

____

____

____

Estudio adicional para este capítulo:

A medida que crece en su oración y vida devocional, es importante reconocer que la vida cristiana no sólo se trata de su relación personal con Dios, sino acerca de Su plan para salvar a todas las personas. **Ser seguidor de Jesús involucra un compromiso de por vida para ayudar a otros a seguir a Jesús.**

- Lea *Salmos 139:13-16* y *Hechos 17:24-28*. ¿Qué tema ve cuando lee estos versículos?

- Debemos entender que Dios nos ha diseñado, dotado y colocado de manera única en redes y relaciones específicas para que otros también puedan conocerle. ¿A quién está ayudando a seguir a Jesús?

Usted no está en su familia, barrio, escuela, o lugar de trabajo por equivocación. Dios le ha diseñado de manera única y le ha colocado exactamente donde debería estar. ¿Está siendo obediente? ¿Está caminando en el Espíritu? Si no comparte de Cristo con ellos, ¿quién lo hará?

Capítulo 8 Guía del Entrenador
Estudio Bíblico por descubrimiento

Meta de entrenamiento (Latido del corazón): Explicar el valor de entrenar a la siguiente generación al equipar a cada hacedor de discípulos para que dirija con confianza un Estudio Bíblico por Descubrimiento.

Resultado esperado (Habilidad/Hábito): Cada hacedor de discípulos reunirá a un grupo de nuevos creyentes o "pre-cristianos" para guiarlos a través de un Estudio Bíblico por Descubrimiento para que puedan comenzar a leer la Palabra de Dios, escuchar su voz, y responder en obediencia.

 ## Mirar hacia atrás

Dé a todos una oportunidad para compartir, escuchar de los demás, y rendir cuentas. Enfóquese en dar ánimo, ambiente de celebración, y dar seguimiento a las tareas.

- **Obediencia:** Haga que <u>todos</u> informen sobre cómo compartieron su historia, la historia de Dios, y cumplieron con sus declaraciones de "Yo Voy a" desde el último entrenamiento. (Esto puede hacerse en un grupo grande o en grupos más pequeños). No avance con el Capítulo 8 hasta que todos hayan puesto en práctica lo que aprendieron sobre las devociones diarias.
- **Revisión:** Repase el resultado esperado y el principio clave del Capítulo 7. Pregunte cómo le fue al practicar su devocional diario y obtenga comentarios y opiniones.
- **Recuerde:** Todo el entrenamiento es para entrenadores. Necesita entrenar a otros en base a lo que ha aprendido. ¿Entrenó a alguien respecto a cómo orar?

Antes de avanzar a Mirar hacia arriba, designe al menos a dos personas para que practiquen el compartir su historia o la historia de Dios en frente del grupo.

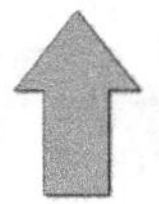 # Mirar hacia arriba

Este capítulo presenta el concepto de un método de estudio bíblico grupal llamado Estudio Bíblico por Descubrimiento. La manera en la que modele el estudio será la manera en la que ellos la reproducirán. Asegúrese de sentirse seguro al liderar un grupo antes del entrenamiento. Al entrenar a sus discípulos a través de este capítulo, asegúrese de enfocarse en estos conceptos claves:

- Entrene de tal modo que todo hacedor de discípulos pueda reproducir el modelo que está enseñando.
- ¡Recuerde enfatizar el resultado esperado y el principio clave!
- **Escuchando de Dios:** Al final de cada capítulo, tome un tiempo de reflexión y oración silenciosa, buscando específicamente lo que cada persona debería hacer en respuesta a lo Dios está hablando a su corazón.

Modelo y práctica: Demuestre cómo dirigir un Estudio Bíblico por Descubrimiento en grupo. Anime a sus discípulos ponerlo en práctica liderando un grupo en esta semana.

 # Mirar hacia adelante

Antes de revisar los pasos de acción para el capítulo, haga una pausa y responda en oración las siguientes preguntas:
- ¿Cómo le está hablando Dios a su corazón hoy?
- ¿Cómo le está llamando Dios a una mayor obediencia?
- ¿Qué hará hoy y esta semana en respuesta a la voz de Dios?

Pasos de acción para este capítulo:
- Escriba nuevas declaraciones de "Yo Voy a" en su diario en este capítulo. ¿Qué hará hoy y esta semana en respuesta a la voz de Dios?
- Considere, en oración, comenzar un Estudio Bíblico por Descubrimiento con aquellos que ya está discipulando. O, considere comenzar un estudio que alcance a sus amigos, familia, compañeros de trabajo y/o aquellos con quienes ha

estado orando para compartir su historia y la historia de Dios.

- Si comienza un Estudio Bíblico por Descubrimiento, invite a cualquier persona con quien comparta su historia o la historia de Dios (incluso si acaba de conocerlos) a unirse a su grupo o al grupo de otra persona de su Centro de Entrenamiento al que puedan estar dispuestos a ir.

- Considere conversar con alguien de su Centro de Entrenamiento con el propósito de iniciar juntos un grupo a fin de sinergizar, brindar apoyo mutuo y posteriormente multiplicarse a medida que el grupo crece.

Capítulo 8
Estudio Bíblico por Descubrimiento

Resultado esperado: Cada hacedor de discípulos reunirá a un grupo de nuevos creyentes o "pre-cristianos" para guiarlos a través de un Estudio Bíblico por Descubrimiento para que puedan comenzar a leer la Palabra de Dios, escuchar su voz, y responder en obediencia.

Aprender a cómo descubrir la Biblia en grupo es una parte fundamental de un plan a largo plazo para la multiplicación de discípulos e iglesias. En el Capítulo 6, presentamos EOAOC como una forma de hacer un estudio bíblico personal. Este capítulo presenta un método práctico de estudio bíblico que se basa en lo que aprendió de EOAOC y se aplica a los grupos que estudian juntos las Escrituras. Este método se ha utilizado en países de todo el mundo, en una variedad de culturas y contextos. Es muy eficaz y fácil de hacer para todos.

Uno de los beneficios de este método de estudio es que se puede realizar con personas que quizá no tengan una relación con Jesús ni algún conocimiento previo o trasfondo bíblico. También puede ser practicado por creyentes maduros y completamente devotos. El poder proviene de leer las Escrituras en comunidad, hacer buenas preguntas, y permitir que el mejor maestro, el Espíritu Santo, nos desafíe y anime. **Recuerde**, *"Porque la Palabra de Dios es viva y eficaz, y más penetrante que toda espada de dos filos. Penetra hasta partir el alma y el espíritu, las coyunturas y los tuétanos, y discierne los pensamientos y las intenciones del corazón"* *(Hebreos 4:12).*

Cómo hacer el Estudio Bíblico por Descubrimiento en grupo

Cuando se reúne con un grupo de personas a las que está discipulando o que tienen algún interés espiritual, es bueno seguir la práctica normal que hemos estado usando de Mirar hacia atrás, Mirar hacia arriba, y Mirar hacia adelante.

Cuando comienza por mirar hacia atrás, haga que todos compartan un motivo por el que están **agradecidos** y otro que esté causando **ansiedad o temor** en sus vidas. Señale al grupo que un aspecto de la oración es contarle a Dios las cosas por las que estamos agradecidos y hablar con Él sobre lo que nos preocupa o nos estresa. Mientras todos comparten, oren los unos por los otros.

El Espíritu Santo
Inmediatamente después de orar, pídale al grupo que comparta lo que Dios les dijo en su tiempo personal (devocionales) con Él desde su última reunión. Hacer esta pregunta al principio de cada reunión de los integrantes del grupo motiva a tener un tiempo personal con Dios.

Dé a todos la oportunidad de compartir espacios para que el Espíritu Santo lleve el estudio en grupo en una dirección completamente diferente a la que usted planificó. Sea sensible al grupo y asegúrese de que todos tengan tiempo para compartir lo que Dios les está mostrando.

Después de este tiempo, pida al grupo que comparta cómo les ha ido en sus declaraciones de "Yo Voy a" desde la última reunión. Esto los animará y los llevará a rendirse cuentas mutuamente para asegurar nuestra obediencia a lo que estamos aprendiendo y escuchando de Dios.

Las Escrituras
Después de que todos tengan la oportunidad de compartir, elija un pasaje de las Escrituras y pida a alguien que lo lea en voz alta mientras que todos siguen la lectura en sus Biblias (o que escuchen cuidadosamente los que no tienen Biblias o son analfabetos). Cuando han terminado, que alguien más lea nuevamente el mismo pasaje en voz alta. Esta vez, haga que todos escuchen el pasaje mientras la persona lee. Cuando han terminado, pida a un voluntario que vuelva a

decir el pasaje en sus propias palabras. Cuando termine, pida a los demás que complementen el relato con detalles que piensen que fueron omitidos.

Leer, escuchar, y volver a contar las Escrituras es muy importante. Esto permite que todos tengan tiempo para pensar acerca del pasaje y para pedirle al Espíritu Santo que les hable a través de su Palabra. Volver a decir el pasaje les permite pensar cómo pueden compartir este pasaje con alguien fuera del grupo. Permitir al grupo añadir a la narración motiva a todos a pensar en los puntos principales del pasaje. Aunque leer el pasaje varias veces puede parecer repetitivo y consuma mucho tiempo, el proceso ayuda a desarrollar discípulos saludables y a retener lo que está aprendiendo.

Estudio por descubrimiento

Después de que su grupo narre la Escritura, usted puede estudiar el pasaje. Su conversación debería estar llena de preguntas que ayuden a su discusión y lleguen al corazón del pasaje. Las preguntas facilitan el proceso de descubrimiento y permiten que su grupo interactúe con las Escrituras y crezca espiritualmente. Usted debería usar muchas de las mismas preguntas que usa en su tiempo devocional personal al interactuar con las Escrituras. Esto permite que nuestra interacción con ellas sea fácilmente reproducible cuando entrenamos a otros discípulos. A continuación están las preguntas:

- ¿Qué le gustó acerca de este pasaje?
- ¿Algo le molestó? ¿Por qué?
- ¿Qué nos enseña este pasaje acerca de Dios?
- ¿Qué nos enseña este pasaje acerca de las personas?
- ¿Hay algún ejemplo que seguir?
- ¿Hay algún mandato que obedecer o acción que tomar?
- ¿Hay algún pecado que evitar?
- ¿Hay alguna promesa que reclamar?
- ¿Con quién compartiría esta verdad?

Mantenga la discusión enfocada en las Escrituras. Si usted o alguien más en su grupo es conocedor de la Biblia, puede ser difícil evitar la introducción de materiales externos en el estudio. El líder necesita esforzarse en limitar el intercambio de opiniones populares o materiales extrabíblicos. Estas opiniones y materiales no facilitan la interacción con las Escrituras. **Esmérese en mantener la discusión enfocada en las Escrituras y guiada por el Espíritu Santo.**

Compromiso

El conocimiento de la Palabra de Dios debe conducirlo a obedecerla y compartirla con otros. Este siguiente paso comienza con una declaración y una pregunta:

"<u>Ya que nosotros creemos que la Palabra de Dios es verdad, **¿qué** debemos cambiar en nuestras vidas para obedecer a Dios?</u>"

Todos en el grupo deberían contestar a esta pregunta antes de terminar. Si ya obedecen esta Escritura, que compartan cómo la obedecen y cómo han entrenado a otros también. Pregúnteles si hay algo que necesitan hacer para aumentar su obediencia a la Palabra de Dios en esta área de su vida. Manténgase durante este tiempo <u>enfocado en los pasos de acción específicos.</u>

Después de que todos compartan cómo van a obedecer las Escrituras, que identifiquen a alguien que necesita oír lo que Dios le dijo al grupo. Motívelos a compartir lo que aprendieron con esa persona. Antes de terminar, pida al grupo que identifique a personas que conozcan y que están en necesidad. Pida al grupo que identifique formas de cubrir esas necesidades durante la siguiente semana. Finalmente, concluya en oración.

Principio clave: Al participar en un Estudio Bíblico por Descubrimiento, podemos crecer en nuestra relación con Dios y ser animados mutuamente por otros.

Resumen del Estudio Bíblico por Descubrimiento en grupo

 ### Mirar hacia atrás

- **Oración inicial:** Empiece por hacer que el grupo comparta una razón por la que están agradecidos y un desafío o temor que enfrentan. Permita un tiempo de oración grupal.
- **¿Qué dijo Dios?** Pida a cada persona que comparta lo que ellos sienten que Dios les ha enseñado a través de su Palabra desde la última reunión.
- **¿Qué hice?** Pida a cada persona que compartan cómo han sido obedientes a Dios desde la anterior reunión. También pregunte sobre sus declaraciones de "Yo Voy a".

 ### Mirar hacia arriba

- **Lea:** Lea la porción de las Escrituras en voz alta mientras las personas siguen la lectura en sus Biblias.
- **Relea:** Pida a alguien más que lea el mismo pasaje en voz alta mientras el grupo escucha.
- **Comparta en sus propias palabras:** Pida a alguien más en el grupo volver a decir el pasaje en sus propias palabras. Deje al grupo añadir detalles a la narración, si es necesario.
- **Preguntas de descubrimiento:** Utilice preguntas de descubrimiento para motivar al grupo a interactuar con el pasaje.
- **Ore:** Haga que todos tomen dos minutos para orar y preguntar, "¿Qué haré hoy en respuesta a lo que he aprendido de las Escrituras y del Espíritu de Dios?"

 ### Mirar hacia adelante

- **Obedezca la Palabra de Dios:** Permita que cada persona escriba sus declaraciones de "Yo Voy a" y luego comparta con el grupo lo que van a hacer para obedecer el pasaje durante la siguiente semana.

- **Plan de acción:** Pida al grupo que identifique a las personas con las que compartirán el pasaje durante la siguiente semana y que escriban sus nombres. Pida al grupo que identifique a las personas necesitadas y que se comprometan a cubrir esas necesidades.
- **Compromiso y oración final**

<u>**Algunas preguntas comunes sobre el Estudio Bíblico por descubrimiento:**</u>

¿Qué pasa con aquellos que no saben leer?
El proceso de descubrimiento para aquellos que no pueden leer es similar al proceso grupal descrito anteriormente, solo que ellos escucharán en vez de leer. Permitir que el grupo vuelva a contar el pasaje es aún más importante en entornos orales porque la repetición les ayuda a recordar el pasaje.

¿Pueden participar los no cristianos en el proceso del Estudio Bíblico por Descubrimiento en grupo?
Sí, todos tienen la oportunidad de escuchar la voz de Dios y responder en obediencia. Para los no cristianos específicamente, intente estas clases de preguntas:
- "Si esta historia es cierta, ¿cómo cambia nuestra forma de actuar?"
- "¿Qué preguntas tiene acerca de esta historia?"
- "¿Conoce a alguien que necesita oír esta historia?"
- "¿Alguien quiere aceptar a Cristo?"

Motívelos a compartir la historia con alguien que nombren.

Pregunte: "¿Hay alguien que conozca que necesite ayuda (física, emocional, económica, práctica)? ¿Qué podemos hacer para ayudarle?"

Permita que el grupo decida lo que necesita hacer y juntos comprométanse a hacerlo antes de la siguiente reunión.

Algunas pautas para dirigir un Estudio Bíblico por Descubrimiento:

1. Deje que la Biblia hable por sí misma y no sienta la necesidad de tener una respuesta para cada pregunta que se le haga. Siga señalando a las Escrituras y pregunte, ¿Qué dicen las Escrituras? Dé espacio para procesar y para que hable el Espíritu Santo.

2. Si alguien hace una pregunta importante pero usted no tiene una respuesta, simplemente diga, "Esa es una buena pregunta, pero no sé cómo responderla. Déjeme estudiarla y quizá consultar con algunos amigos, y continuaremos con eso la siguiente semana".

3. Si su grupo se vuelve más grande, divídanse en grupos ya sea al principio y/o al final, cuando compartan lo que Dios ha estado haciendo en sus vidas, o cuando compartan sus declaraciones de "Yo Voy a", a fin de asegurarse que todos tengan tiempo para compartir, luego vuelvan a reunirse para la porción del estudio bíblico.

Modelo y práctica: Dirigiendo un Estudio Bíblico por Descubrimiento

A continuación su entrenador ahora demostrará cómo usar el Método del Estudio Bíblico por Descubrimiento usando las lecciones de demostración en Génesis. Asegúrese de hacer preguntas si necesita aclarar algo.

Pasos de acción para este capítulo:

- Escriba nuevas declaraciones de "Yo Voy a" en su diario en este capítulo. ¿Qué hará hoy y esta semana en respuesta a la voz de Dios?

- Considere, en oración, comenzar un Estudio Bíblico por Descubrimiento con otros que ya está discipulando. O, considere comenzar un estudio que alcance a sus amigos, familia, compañeros de trabajo y/o aquellos con quienes ha estado orando para compartir su historia y la historia de Dios.

- Si comienza un Estudio Bíblico por Descubrimiento, invite a cualquier persona con quien comparta su historia o la historia de Dios (incluso si acaba de conocerlo) a unirse a su grupo o al grupo de otra persona de su Centro de Entrenamiento al que pueda estar dispuesto a ir.
- Considere conversar con alguien más de su Centro de Entrenamiento con el propósito de iniciar juntos un grupo a fin de sinergizar, brindar apoyo mutuo y posteriormente multiplicarse a medida que el grupo crece.

Lección de muestra del Estudio Bíblico por Descubrimiento
Génesis 1:1-25

 <u>**Mira hacia atrás**</u>

- **Oración inicial:**
  - ¿De qué está agradecido hoy?
  - ¿Qué tipo de problemas está enfrentando?
  - ¿Hay alguna forma en que este grupo le puede ayudar? Ore.
- **¿Qué dijo Dios?**
- **¿Qué hice?**

 <u>**Mirar hacia arriba**</u>

- **Lea: Génesis 1:1-25**
- **Relea:**
  - Pida a alguien más que lea el mismo pasaje en voz alta mientras el grupo escucha.
- **Comparta en sus propias palabras:**
  - Pida a alguien más en el grupo volver a decir el pasaje en sus propias palabras. Deje al grupo añadir detalles a la narración, si es necesario.
- **Preguntas de descubrimiento:**
  - Utilice preguntas de descubrimiento para motivar al grupo a interactuar con el pasaje.
    - ¿Qué le gustó acerca de este pasaje?
    - ¿Algo le molestó? ¿Por qué?
    - ¿Qué nos enseña este pasaje acerca de Dios?
    - ¿Qué nos enseña este pasaje acerca de las personas?
    - ¿Hay algún ejemplo que seguir?
    - ¿Hay algún mandato que obedecer o acción que tomar?

- ¿Hay algún pecado que evitar?
        - ¿Hay alguna promesa que reclamar?
        - ¿Con quién compartiría esta verdad?
    o Haga preguntas hasta que descubran la idea básica: Hay un Dios que creó el mundo.
    o Después de que el grupo haya descubierto las verdades de la Palabra de Dios, ayúdeles a identificar qué diferencia hace esto en sus vidas.
- **Ore:**
    o Haga que todos tomen dos minutos para orar, y que pregunten, "¿Qué haré hoy en respuesta a lo que he aprendido de las Escrituras y del Espíritu de Dios?"

 ### <u>Mirar hacia adelante</u>

- **Obedezca la Palabra de Dios:**
    o Pida que cada persona comparta lo que va a hacer para obedecer el pasaje durante la próxima semana.
    o Haga preguntas para ayudar de manera individual o grupal, a expresar cómo podrían cambiar sus vidas si viven asumiendo que el pasaje es verdadero. Ayúdeles a pasar de una declaración general a una declaración específica.
        - Si este pasaje es verdadero, ¿cómo cambia la forma de ver a Dios?
        - Si este pasaje es verdadero, ¿cómo cambia la manera en que tratamos a los demás?
        - Si este pasaje es verdadero, ¿cómo cambia la manera en que vivimos?
        - ¿Qué otras preguntas tiene acerca de este pasaje?
- **Plan de acción:**
    o ¿Conoce a alguien con quien puede compartir esta historia?
    o ¿Conoce a alguien que necesita ayuda? ¿Qué puede hacer este grupo para ayudarles?
- **Compromiso y oración final**

<u>**Lecciones recomendadas para el Estudio Bíblico por Descubrimiento**</u>

La organización progresiva de estos pasajes está diseñada para ayudarle a llevar a las personas perdidas o nuevos creyentes a través de la Biblia, con el propósito de establecer un fundamento sólido para ayudarle a llevarlos a Cristo.

1. Dios crea *(Génesis 1:1-25)*

2. Dios crea al hombre y a la mujer *(Génesis 2:4-24)*

3. El hombre y la mujer comen del fruto *(Génesis 3:1-13)*

4. Las maldiciones de Dios *(Génesis 3:14-24)*

5. Dios se arrepiente de Su creación *(Génesis 6:5-8)*

6. Dios salva a Noé y a su familia *(Génesis 6:9-8:14)*

7. Pacto de Dios con Noé *(Génesis 8:15-9:17)*

8. Pacto de Dios con Abram *(Génesis 12:1-8, 15:1-6, 17:1-7)*

9. Abraham da a su hijo como una ofrenda *(Génesis 22:1-19)*

10. Dios perdona a Su pueblo *(Éxodo 12:1-28)*

11. Los mandamientos de Dios *(Éxodo 20:1-21)*

12. La ofrenda por el pecado *(Levítico 4:1-35)*

13. El siervo justo de Dios *(Isaías 53)*

14. Jesús nace *(Lucas 1:26-38, 2:1-20)*

15. Jesús es bautizado *(Mateo 3; Juan 1:29-34)*

16. Jesús es tentado *(Mateo 4:1-11)*

17. Jesús y el líder religioso *(Juan 3:1-21)*

18. Jesús y la mujer samaritana *(Juan 4:1-26, 39-42)*

19. Jesús y el hombre paralítico *(Lucas 5:17-26)*

20. Jesús calma la tormenta *(Marcos 4:35-41)*

21. Jesús y el hombre con espíritus malignos *(Marcos 5:1-20)*

22. Jesús resucita a un hombre de entre los muertos *(Juan 11:1-44)*

23. Jesús habla acerca de Su traición y del Pacto *(Mateo 26:17-30)*

24. Jesús es traicionado y enfrenta un juicio *(Juan 18:1-19:16)*

25. Jesús es crucificado *(Lucas 23:32-56)*

26. Jesús ha resucitado *(Lucas 24:1-35)*

27. Jesús se aparece a los discípulos y asciende al cielo *(Lucas 24:36-53)*

28. Entrada en el reino de Dios *(Juan 3:1-21)*

Diario del capítulo

Yo Voy a: ______________________

Yo Voy a: ______________________

Yo Voy a: ______________________

Yo Voy a: ______________________

Notas:

Meta de entrenamiento (Latido del corazón): Ayudar a cada hacedor de discípulo a tener un entendimiento bíblico de Dios y cómo pueden responder mejor a cada situación en su vida.

Resultado esperado (Habilidad/Hábito): Cada hacedor de discípulos tomará decisiones y hará elecciones basadas en una comprensión bíblica de quién es Dios y cómo es Él.

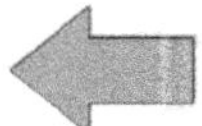 ## Mirar hacia atrás

Dé a todos una oportunidad para compartir, escuchar de los demás, y rendir cuentas. Enfóquese en dar ánimo, ambiente de celebración, y dar seguimiento a las tareas.

- **Obediencia:** Haga que <u>todos</u> informen sobre cómo compartieron su historia, la historia de Dios, y cumplieron con sus declaraciones de "Yo Voy a" desde el último entrenamiento. (Esto puede hacerse en un grupo grande o en grupos más pequeños). No avance con el Capítulo 9 antes de poner en práctica lo que se enseñó en el capítulo anterior. ¿Tuvo la oportunidad de hacer un EBD con alguien o con un grupo? Si no es así, ¿con quién le ha puesto Dios en su corazón para iniciar un EBD?
- **Revisión:** Repase el resultado esperado y el principio clave del Capítulo 8. Resuma los puntos claves aprendidos del entrenamiento anterior.
- **Recuerde:** Todo el entrenamiento es para entrenadores. ¿Están entrenando a otros con lo que están aprendiendo?

Antes de avanzar a Mirar hacia arriba, designe al menos a dos personas para que practiquen el compartir su historia o la historia de Dios en frente del grupo.

 ## Mirar hacia arriba

Este capítulo resalta cómo Dios, nuestro Padre Celestial, revela su amor incondicional hacia sus hijos. Él ama, protege, provee y disciplina a sus hijos. Mientras entrena a aquellos que está discipulando a través de este capítulo, asegúrese de enfocarse en estos conceptos claves:

- Entrene de manera que cada discípulo comprenda las bendiciones que conlleva ser amado incondicionalmente por Dios, nuestro Padre Celestial, todopoderoso, omnisciente, que siempre está con nosotros.
- **¡Recuerde enfatizar el resultado esperado y el principio clave!**
- Promueva la memorización de versículos claves de las Escrituras.
- **Escuchando de Dios:** Al final de cada capítulo, tome un tiempo de reflexión y oración silenciosa, buscando específicamente lo que cada persona debería hacer en respuesta a lo Dios está hablando a su corazón.

Discusión de grupo: ¿Cuál de estos cuatro puntos es más significativo para usted y por qué? ¿Cuál de estos es el más difícil de aceptar? Explique por qué y comparta con el grupo.

Modelo y práctica: Tómese el tiempo para explicar de qué manera la comprensión bíblica de quién es Dios y sus atributos afectan la forma en que el hacedor de discípulos responderá a las diferentes situaciones y circunstancias de la vida.

 ## Mirar hacia adelante

Antes de revisar los pasos de acción para el capítulo, haga una pausa y responda en oración las siguientes preguntas:

- ¿Cómo le está hablando Dios a su corazón hoy?
- ¿Cómo le está llamando Dios a una mayor obediencia?
- ¿Qué hará hoy y esta semana en respuesta a la voz de Dios?

Pasos de acción para este capítulo:

- Escriba nuevas declaraciones de "Yo Voy a" en el diario de su capítulo. ¿Qué hará hoy y esta semana en respuesta a la voz de Dios?
- Complete el estudio adicional de este capítulo acerca de Dios y sus atributos.
- Comparta con alguien que necesite escuchar las verdades que aprenda acerca de Dios y su amor en el estudio adicional.
- **Memorice** *Juan 3:16* o *Tito 3:4-5.*
- Continúe compartiendo su historia y la historia de Dios con los de su lista. Esté listo para informar sobre lo que sucede.

Capítulo 9
Dios nuestro Padre Celestial

Resultado esperado: Cada hacedor de discípulos tomará decisiones y hará elecciones basadas en una comprensión bíblica de quién es Dios y cómo es Él.

Nuestra comprensión de quién es Dios y cómo es Él, impacta directamente lo que pensamos que significa ser sus discípulos. Si tienen una pobre percepción de Dios, se reflejará en cada área de su vida. En *El Conocimiento de lo Santo*, A.W. Tozer escribe,

> *Lo que nos viene a la mente cuando pensamos en Dios es lo más importante acerca de nosotros... El aspecto más esencial de cualquier hombre no es lo que pueda decir o hacer, sino cómo en lo profundo de su corazón concibe lo que Dios es.*

El objetivo de este capítulo es desafiarlo a luchar con lo que realmente cree acerca de quién es Dios y cómo es Él. Un segundo objetivo es crear una sed insaciable dentro de usted para seguir conociendo a Dios como nunca antes. Al final de este capítulo, confiamos en que lo primero que le venga a la mente cuando piense en Dios estará fundamentado en lo que dice la Biblia acerca de Él y su gran amor por usted, evidenciado en el Evangelio.

Dios es indescriptible y está más allá de nuestra comprensión. No hay esfuerzo más valioso que seguir creciendo en nuestra comprensión y amistad con Él. En las siguientes páginas, lea algunas de las formas en que se puede describir a Dios.

<u>**Omnipotente**</u>

En el principio creó Dios los cielos y la tierra. Entonces dijo Dios: "Sea la luz", y fue la luz. Entonces dijo Dios: "Haya una bóveda en medio de las aguas, para que separe las aguas de las aguas." Entonces dijo Dios: "Reúnanse las aguas que están debajo del cielo en un solo lugar, de modo que aparezca la parte seca." Y fue así (Génesis 1:1, 3, 6, 9).

Dios es el Creador todopoderoso del universo. La inmensidad de nuestro universo, su increíble complejidad y su diseño creativo, es el poder de Dios en exhibición. Dios hizo que el universo existiera desde la nada.

Todo está perfectamente diseñado y puesto en su lugar preciso por Dios. La tierra está a 93 millones de millas del sol, que es la distancia exacta necesaria para mantener la vida. Ningún otro planeta de nuestro sistema solar tiene ninguna evidencia observable de vida o las condiciones ambientales necesarias para producir vida. La complejidad y el diseño inteligente del cuerpo humano son increíbles. Nuestro corazón late, nuestros pulmones respiran, y nuestra sangre fluye, sin que nos esforcemos en ello. Cuando nos enfermamos o nos rompemos un hueso, nuestro cuerpo comienza a curarse con células diseñadas específicamente para combatir los virus y hacer reparaciones. Imagínese si un automóvil que tenía una fuga de aceite pudiera repararse sin la ayuda de un mecánico; ¡así es como funciona el cuerpo humano!

La parte más asombrosa de este Dios todopoderoso e infinito es que nos ama. Él no usa su poder para dominarnos, sino que lo usó para resucitar a Jesús de entre los muertos. Hizo esto para que pudiéramos tener una relación con Él. El mismo poder que Dios usó para resucitar a Jesús de entre los muertos fue confiado a los discípulos de Jesús y nos llena cuando nos reconciliamos con Dios por la fe en Jesucristo.

Omnipresente

"¿A dónde me iré de tu Espíritu? ¿A dónde huiré de tu presencia? Si subo a los cielos, allí estás tú; si en el Seol a hago mi cama, allí tú estás. Si tomo las alas del alba y habito en el extremo del mar, aun allí me guiará tu mano, y me asirá tu diestra" (Salmos 139:7-10).

Dios está presente en todas partes a la vez. No hay ningún lugar en la tierra al que pueda huir para escapar de su presencia. Como discípulos de Jesús, cuanto más nos demos cuenta de que la presencia de Dios siempre está con nosotros donde quiera que vayamos, más comenzaremos a vivir como Jesús.

Ser consciente de que Dios está con usted afecta dramáticamente sus decisiones diarias de manera profunda. Dado que Dios siempre está con nosotros, podemos tener valor cuando enfrentamos situaciones o circunstancias aparentemente imposibles. Podemos ejercer dominio propio en medio de la tentación porque Él nos ve y está con nosotros. Podemos tener paciencia y paz incluso cuando el caos nos rodea porque sabemos que Dios está con nosotros en medio de nuestro sufrimiento.

Recuerde lo que Moisés le dijo a Dios antes de que Israel entrara en la tierra que Dios le había prometido a Abraham, Isaac, y Jacob: *"Si tu presencia no ha de ir conmigo, no nos saques de aquí"* (Éxodo 33:15). Es importante que nos demos cuenta de que la presencia de Dios es esencial para la eficacia de la iglesia y nuestra destreza para hacer discípulos. Comience a desarrollar su conciencia de la presencia de Dios momento a momento *"orad [orando] sin cesar"* (1 Tesalonicenses 5:17). Hable con Él y escúchelo porque siempre está cerca. Vivir cada momento con el conocimiento de que está en la presencia de Dios le dará una nueva perspectiva sobre su vida y su propósito.

<u>**Omnisciente**</u>

"Oh Jehovah, tú me has examinado y conocido. Tú conoces cuando me siento y cuando me levanto; desde lejos entiendes mi pensamiento. Mi caminar y mi acostarme has considerado; todos mis caminos te son conocidos. Pues aún no está la palabra en mi lengua, y tú, oh Jehovah, ya la sabes toda" (Salmos 139:1-4).

Dios lo sabe todo, y no existe ningún pasado, presente, o futuro que Dios no lo sepa. Él conoce todo de nosotros, todo lo que decimos, cada pensamiento que pensamos, y cada emoción que sentimos.

Dios no sólo conoce todo de nosotros, ¡incluso conoce el futuro! Casi una tercera parte de las Escrituras está dedicada a la profecía. Estas profecías demuestran que la Palabra de Dios es verdadera y que Él es omnisciente. Cuando vemos las profecías cumplidas, es una confirmación de que sus promesas son verdaderas y que se puede confiar en Él.

Dios es el Creador y diseñador del universo e hizo a la humanidad a su imagen. ¿No tiene sentido que Él conozca lo que es mejor para nosotros? En su gracia y misericordia para con nosotros, Dios nos dio su Palabra para guiarnos y mostrarnos cómo vivir esta vida al máximo. Si bien sus caminos son a menudo más difíciles de obedecer en el momento, demuestran ser mucho mejores a largo plazo. Lo que deseamos para nosotros mismos a menudo está en desacuerdo con lo que Dios quiere, y estas inclinaciones pecaminosas causan más destrucción que bien (mentiras en lugar de integridad, lujuria/pecado sexual en lugar de pureza, codicia en lugar de generosidad, ansiedad en lugar de confianza).

Aunque Dios nos diseñó y conoce lo que es mejor para nosotros, a menudo elegimos seguir nuestro propio camino en lugar de obedecer la voz de Dios. En nuestro egoísmo y orgullo, básicamente estamos diciendo "Dios, mi conocimiento es mejor que el tuyo. Mis caminos son más altos que los tuyos".

 **Discusión de grupo**: Tómese un tiempo para preguntarle a Dios qué áreas de su vida necesita entregarle. Discuta las formas en que necesita realinear su vida con las de Él.

Todo amoroso

"Porque de tal manera amó Dios al mundo, que ha dado a su Hijo unigénito, para que todo aquel que en él cree no se pierda, mas tenga vida eterna" (Juan 3:16).

"Pero Dios demuestra su amor para con nosotros, en que siendo aún pecadores, Cristo murió por nosotros" (Romanos 5:8).

Imagínese un Dios omnipotente, omnisciente y omnipresente que no ama. Este es el tipo de dios que la mayoría de las naciones y culturas han "adorado" a lo largo de la historia. En las naciones que rodeaban a Israel durante el tiempo bíblico, los dioses eran percibidos como misteriosos, distantes y aterradores. Hoy en día, en muchas naciones del mundo, todavía imaginan a un dios vengativo, controlador, aterrador o indiferente. A menudo, muchas personas no tienen en claro qué necesitan hacer para ganarse el favor y la aceptación de estos dioses. Esto es lo que distingue al Dios de la Biblia de cualquier otro dios que la gente adora: su amor por nosotros y por el mundo, y su deseo de ser conocido por nosotros.

El amor de Dios por nosotros es asombroso y desafía toda razón. Considere cuán ilógico es el amor de Dios por nosotros: aunque éramos enemigos de Dios, Él nos amó lo suficiente como para enviar a su hijo a recibir el castigo que merecíamos porque nos rebelamos contra Él. Él hizo esto para que pudiéramos tener una relación con Él y ya no estar separados de su presencia. Mientras reflexionamos sobre su asombroso amor y gracia, nos impulsa a vivir nuestras vidas como un sacrificio vivo para Él *(Romanos 12:1-2).*

La mejor manera de describir el amor de Dios por nosotros es verlo como nuestro "Padre" bueno y perfecto. En la parábola del hijo pródigo, Jesús describe la relación entre un padre y dos hijos que demuestran el amor de Dios por nosotros a pesar de nuestro rechazo hacia Él.

Discusión de grupo: Lea *Lucas 15:11-32.* Analice las similitudes entre este padre, y Dios nuestro Padre Celestial. En la siguiente tabla, enumere las cualidades que ve en el padre de la parábola y considere lo que nos enseña acerca de nuestro Padre Celestial.

Cualidades del Padre	Enseñanzas sobre el Padre Celestial

Después de leer y analizar el pasaje, reflexione sobre esta pregunta: **¿De qué manera Dios le ha revelado su amor?**

Jesús nos enseña a ver a Dios como nuestro Padre Celestial. Cuando Jesús enseñó a orar a sus discípulos, comenzó con *"Padre nuestro que estas en los cielos".* La Biblia también describe a Dios como nuestro Padre. Al igual que un buen padre, Él ama, protege, provee y disciplina a sus hijos.

 **Principio clave: Dios es su Padre Celestial y le ama de manera incondicional.**

1. El amor del Padre Celestial

 **Discusión de grupo:** Lea los siguientes pasajes y analice cómo Dios le ama y por qué le salvó.

"Pero cuando se manifestó la bondad de Dios nuestro Salvador y su amor por los hombres, él nos salvó, no por las obras de justicia que nosotros hubiésemos hecho, sino según su misericordia; por medio del lavamiento de la regeneración y de la renovación del Espíritu Santo" (Tito 3:4-5).

"Pero Dios, quien es rico en misericordia, a causa de su gran amor con que nos amó, aun estando nosotros muertos en delitos, nos dio vida juntamente con Cristo" (Efesios 2:4-5).

"Jehovah me ha aparecido desde hace mucho tiempo, diciendo: "Con amor eterno te he amado; por tanto, te he prolongado mi misericordia" (Jeremías 31:3).

2. La protección del Padre Celestial

 **Discusión de grupo:** Lea los siguientes pasajes y considere cómo le protege el Padre Celestial. A media que analice estos pasajes, escriba lo que más le impacta.

"Pero fiel es el Señor, que os establecerá y os guardará del mal" (2 Tesalonicenses 3:3).

"El ángel de Jehovah acampa en derredor de los que le temen, y los libra" (Salmos 34:7).

"Cuando el que servía al hombre de Dios madrugó para partir y salió, he aquí que un ejército tenía cercada la ciudad con gente de a caballo y carros. Entonces su criado le dijo: —

¡Ay, señor mío! ¿Qué haremos? Él le respondió: —No tengas miedo, porque más son los que están con nosotros que los que están con ellos. Entonces Eliseo oró diciendo: —Te ruego, oh Jehovah, que abras sus ojos para que vea. Jehovah abrió los ojos del criado, y éste miró; y he aquí que el monte estaba lleno de gente de a caballo y carros de fuego, alrededor de Eliseo. Y cuando los sirios descendieron hacia él, Eliseo oró a Jehovah y dijo: —Te ruego que hieras a esta gente con ceguera. Y los hirió con ceguera, conforme a la palabra de Eliseo" (2 Reyes 6:15-18).

"No os ha sobrevenido ninguna tentación que no sea humana; pero fiel es Dios, quien no os dejará ser tentados más de lo que podéis soportar, sino que juntamente con la tentación dará la salida, para que la podáis resistir" (1 Corintios 10:13).

¿Qué le impactó más de estos pasajes?

3. La provisión del Padre Celestial

Discusión de grupo: Lea los siguientes pasajes y analice cómo le provee el Padre Celestial.

"Mi Dios, pues, suplirá toda necesidad vuestra, conforme a sus riquezas en gloria en Cristo Jesús" (Filipenses 4:19).

"Por tanto, no os afanéis diciendo: '¿Qué comeremos?' o '¿Qué beberemos?' o '¿Con qué nos cubriremos?' Porque los gentiles buscan todas estas cosas, pero vuestro Padre que está en los cielos sabe que tenéis necesidad de todas estas cosas. Más bien, buscad primeramente el reino de Dios y su justicia, y todas estas cosas os serán añadidas" (Mateo 6:31-33).

"El que no eximió ni a su propio Hijo, sino que lo entregó por todos nosotros, ¿cómo no nos dará gratuitamente también con él todas las cosas?" (Romanos 8:32)

¿De qué manera estos versículos de la provisión de Dios le ayudan a comprender que puede confiar en Él en medio de la dificultad o el sufrimiento?

4. La disciplina del Padre Celestial

<u>Una definición bíblica de disciplina</u>

En el Nuevo Testamento, la **disciplina** conlleva la idea de *instrucción* y *entrenamiento*. La motivación principal y el objetivo de la disciplina era enseñar y fomentar el autocontrol. Considere el ejemplo de criar a un niño. Cuando disciplina a un niño, lo está entrenando para que ejerza el autocontrol sobre sus acciones y lo está instruyendo en la manera que debe vivir. De la misma manera que los padres utilizan la disciplina para asegurarse que sus hijos no se lastimen a sí mismos ni a los demás, así Dios disciplina a sus hijos en su Palabra y por medio de su Espíritu. Dios disciplina por su amor por nosotros y su deseo de animarnos a seguir su justicia. Dios desea ayudar al individuo a convertirse en todo lo que Él diseñó que fuera.

"Porque el Señor disciplina al que ama y castiga a todo el que recibe como hijo. Permaneced bajo la disciplina; Dios os está tratando como a hijos. Porque, ¿qué hijo es aquel a quien su padre no disciplina?" (Hebreos 12:6–7)

"Toda la Escritura es inspirada por Dios y es útil para la enseñanza, para la represión, para la corrección, para la instrucción en justicia" (2 Timoteo 3:16).

 **Discusión de grupo:** ¿Qué aspecto de Dios, mencionado arriba o de la siguiente lista es más

significativo para usted y por qué? ¿Cuál es más difícil de abrazar o aceptar? Explique por qué y comparta con el grupo.

- Él es omnisciente, y entiende lo que es mejor.
- Él está siempre presente.
- Él es todopoderoso.
- Él nos ama y es amable.
- Él nos protege.
- Él provee para nuestras necesidades.
- Él nos disciplina porque nos ama.
- Conocer su voluntad, carácter y naturaleza
- ¿Algo más?

Modelo y práctica: La identidad de Dios fortalece nuestras acciones

 **Discusión de grupo**: ¿De qué modo su comprensión de quién es Dios y sus atributos afecta cómo responde a las siguientes situaciones?

Su entrenador lo guiará a través de las siguientes preguntas. Saber quién es Dios y cómo es Él, puede fortalecerse para vivir una vida transformada. Considere escribir algunos pasajes de las Escrituras que le recuerden de qué manera Dios le fortalece para vencer.

Si sé que Dios es omnisciente, cuando mi mente se concentre en pensamientos pecaminosos responderé <u>llevando cautivos mis pensamientos *(2 Corintios 10:5)* y en su lugar me enfocaré en las cosas que son puras, nobles, honorables, buenas, justas, excelentes, y dignas de alabanza *(Filipenses 4:8)*.</u>

Si sé que Dios está siempre presente, cuando enfrento la tentación, responderé ___________________________________

____

____

Si sé que Dios es omnisciente, cuando me siento abrumado e inseguro, responderé _______________________________

____

____

Si sé que Dios es todo amoroso, cuando fallo, responderé

____

____

Si sé que Dios es todopoderoso, cuando esté enfrentando una situación imposible, responderé ___________________

____

____

Pasos de acción para este capítulo:
- Escriba nuevas declaraciones de "Yo Voy a" en el diario de su capítulo. ¿Qué hará hoy y esta semana en respuesta a la voz de Dios?
- Complete el estudio adicional de este capítulo acerca de Dios y sus atributos.
- Comparta con alguien que necesite escuchar las verdades que aprenda acerca de Dios y su amor en el estudio adicional.
- **Memorice** *Juan 3:16* o *Tito 3:4-5.*
- Continúe compartiendo su historia y la historia de Dios con los de su lista. Esté listo para informar sobre lo que sucede.

Diario del capítulo

Yo Voy a: ____
____
____
____

Yo Voy a: ____
____
____
____

Yo Voy a: ____
____
____
____

Yo Voy a: ____
____
____
____

Notas:
____
____
____
____
____
____
____
____
____
____
____

Estudio adicional para este capítulo:

Adore a Dios y medite en Él. ¡Enfóquese en los diferentes aspectos de Su Grandeza!

- Lea **Salmos 139.** Observe los atributos de Dios y cómo estos llevaron a David a pedirle a Dios que escudriñara su corazón y a que confesara sus pecados. Pídale a Dios que escudriñe sus pensamientos, actitudes, conversaciones y relaciones. Confiese cualquier pecado y asegúrese de abandonar cualquier pecado que Dios le revele.

- Dele gracias por el pasado, presente y futuras bendiciones.

- ¡Alabe a Dios por quién es Él! (Sus atributos y nombres)

- ¡Practique vivir cada momento del día con la íntima conciencia de que Dios está con usted! ¡Practique esto "orando sin cesar"!

- Ore por el desarrollo de su carácter y santidad. Ore por oportunidades de ministerio. Reflexione y ore a través de las Escrituras. ¿Qué le está diciendo Dios? ¿Qué debe hacer en respuesta y obediencia?

Capítulo 10 Guía del Entrenador
Vida en la iglesia

Meta de entrenamiento (Latido del corazón): Animar a cada hacedor de discípulo a comprometerse a vivir en la misión y participar de un cuerpo local de creyentes.

Resultado esperado (Habilidad/Hábito): Cada hacedor de discípulos se convertirá en un participante activo de un cuerpo local de creyentes comprometidos con los propósitos de Cristo y su iglesia.

 ## Mirar hacia atrás

Dé a todos una oportunidad para compartir, escuchar de los demás, y rendir cuentas. Enfóquese en dar ánimo, ambiente de celebración, y dar seguimiento a las tareas.

- **Obediencia:** Haga que <u>todos</u> informen sobre cómo compartieron su historia, la historia de Dios, y cumplieron con sus declaraciones de "Yo Voy a" desde el último entrenamiento. (Esto puede hacerse en un grupo grande o en grupos más pequeños). Es importante no avanzar con el capítulo 10 antes de poner en práctica lo que se aprendió en el capítulo anterior. ¿Alguien puede compartir el versículo de memoria?
- **Revisión:** Repase el resultado esperado y el principio clave del Capítulo 9. Resuma los puntos claves aprendidos del entrenamiento anterior.
- **Recuerde:** El entrenamiento es para entrenadores. ¿Los que están siendo entrenados tienen a alguien listo y dispuesto para ser entrenado a través de este libro?

Antes de avanzar a Mirar hacia arriba, designe al menos a dos personas para que practiquen el compartir su historia o la historia de Dios en frente del grupo.

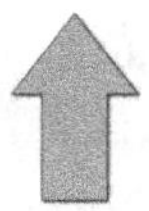 # Mirar hacia arriba

Este capítulo explica la importancia de la vida en la iglesia. Mientras entrena a aquellos que está discipulando a través de este capítulo, asegúrese de enfocarse en estos conceptos claves:

- Entrene de manera que cada discípulo entienda el propósito de Cristo y su Iglesia a medida que se plantan nuevas iglesias.
- **¡Recuerde enfatizar el resultado esperado y el principio clave!** Promueva la memorización de versículos claves de las Escrituras. ¿Memorizó *Juan 3:16* o *Tito 3:4-5?*
- **Escuchando de Dios:** Al final de cada capítulo, tome un tiempo de reflexión y oración silenciosa, buscando específicamente lo que cada persona debería hacer en respuesta a lo Dios está hablando a su corazón.

Discusión de grupo: Evalúe los 5 dedos y discuta la importancia de estar conectados a una iglesia. Revise los privilegios y las responsabilidades de la iglesia.

Modelo y práctica: Demuestre cómo fomentar el discipulado y la participación activa en un cuerpo local de creyentes al abordar específicamente las formas en que han visto crecer a dos o tres personas en el grupo durante el curso del entrenamiento.

 # Mirar hacia adelante

Antes de revisar los pasos de acción para el capítulo, haga una pausa y responda en oración las siguientes preguntas:

- ¿Cómo le está hablando Dios a su corazón hoy?
- ¿Cómo le está llamando Dios a una mayor obediencia?
- ¿Qué hará hoy en respuesta a la voz de Dios?

Pasos de acción para este capítulo:

- Escriba nuevas declaraciones de "Yo Voy a" en su diario en el capítulo. ¿Qué hará hoy y esta semana en respuesta a la voz de Dios?

- Obedezca el mandato de Jesús en cuanto al bautismo si aún no lo ha hecho.
- Comience a ofrendar sacrificialmente o continúe haciéndolo.
- Comience o continúe reuniéndose con aquellos que ha guiado a Cristo. Anímelos a unirse a su micro iglesia. Anímelos a obedecer el mandato de Cristo y a ser bautizados. Para aquellos que quieran y puedan, comience a entrenarlos a través de este manual.
- Continúe compartiendo su historia y la historia de Dios con al menos dos a tres personas por semana. Por ahora se está convirtiendo en parte de su estilo de vida y es algo que puede continuar sin necesidad de que se lo recuerden. ¡El objetivo es llegar a ese punto!

Capítulo 10
Vida en la Iglesia

Resultado esperado: Cada hacedor de discípulos se convertirá en un participante activo de un cuerpo local de creyentes comprometidos con los propósitos de Cristo y su iglesia.

Cuando se convierte en cristiano, se convierte en un miembro de la familia de Dios. Como se vio en el último capítulo, Dios es su Padre Celestial, y todos los seguidores de Jesús son sus hermanos y hermanas. Ahora somos parte de la misma familia. En Cristo estamos, *"en la casa de Dios, que es la iglesia del Dios vivo"* *(1 Timoteo 3:15)*.

La casa de Dios no es un edificio, y la Iglesia no es un lugar de culto; la Iglesia es un cuerpo de creyentes.

 **Discusión de grupo:** Lea *Romanos 12:5, Efesios 1:22-23, y Efesios 5:23.* Desde estos pasajes, ¿cómo describe la Biblia la relación entre Jesús y sus seguidores?

 **Principio clave:** La Iglesia es una familia espiritual - con Cristo al centro como su Rey- que ama a Dios, ama a los demás y multiplica discípulos.

<u>La iglesia y su propósito en el mundo</u>
¿Por qué Jesús estableció la iglesia, y cómo se estableció? Hay cinco áreas de la vida de la iglesia que son importantes que todo creyente conozca y comprenda. Para ayudar a que esto sea más fácil de memorizar, ilustraremos estas áreas utilizando nuestros cinco dedos.

 ## <u>Un propósito: ¿Por qué existe la iglesia?</u>

La iglesia tiene un propósito: **Glorificar a Dios.**
La iglesia también tiene una Cabeza: **Cristo**
(*Efesios 1:22-23; 5:23*).

Cristo es la Cabeza de la iglesia. No hay otro. Dios ha ordenado sólo un "Príncipe de los pastores" (*1 Pedro 5:1-4*). Dentro del cuerpo de Cristo, no hay jerarquía. *"El ojo no puede decir a la mano: 'No tengo necesidad de ti'"*. (*1 Corintios 12:21*). Todas las partes trabajan juntas por el bien del cuerpo. Cada creyente es parte del cuerpo, y la membresía implica responsabilidad mutua *(1 Corintios 12:27)*.

 ## Dos autoridades: ¿Qué guía a la iglesia?

La iglesia tiene dos autoridades:
El Espíritu Santo y las Sagradas Escrituras (Biblia).

El Espíritu Santo: Dios ha provisto Su Espíritu como consolador y guía para cada creyente (*Juan 14:26*). El Espíritu **mora** dentro de nosotros desde el momento de la salvación y nos guía/capacita hacia los pensamientos y acciones correctas. Cuando pecamos, el Espíritu trae convicción, guiándonos hacia el arrepentimiento y confesión ante Dios. Se debe discernir su voz cuando guía al creyente hacia la voluntad de Dios. El Espíritu también **capacita** al creyente para hacer discípulos. Él produce fruto espiritual y nos da los dones espirituales, los cuales nos equipan para servir a la Iglesia y a otros hacia la madurez.

La Palabra de Dios: Para guiar a la Iglesia, Dios nombró a personas especificas a lo largo de la historia bajo la dirección del Espíritu Santo para registrar Su instrucción y plan para la humanidad. La Biblia no contiene errores y es la herramienta suficiente para discernir todos los asuntos de fe y práctica. La Escritura enfoca todos los asuntos concernientes a la Iglesia y debe ser el aspecto central a considerar en el proceso de tomar decisiones del cuerpo de Cristo *(2 Timoteo 3:16-17)*.

De manera conjunta, el Espíritu Santo y la Palabra de Dios guían a la Iglesia. Si bien el Espíritu de Dios puede hablar aparte de las Escrituras, nunca se contradecirán entre sí. El Espíritu de Dios utiliza la Palabra como un instrumento para instruir, y a veces, para corregir al creyente. La Palabra es la forma del Espíritu para moldear y dirigir a la Iglesia. Ambos proveen todo lo que se necesita para que la Iglesia siga avanzando de manera segura en la voluntad de Dios. (Para más estudio, vea: *Efesios 5 y Colosenses 3.*)

 **Tres oficios: ¿Quién debería liderar y cuáles son sus roles?** La iglesia tiene tres oficios y muchos líderes.

1. Jesús, el Príncipe de los Ancianos/Pastores *(1 Pedro 5:1-4)*

2. Ancianos *(1 Timoteo 3:1-7, Tito 1:5-9, Hechos 14:23, 1 Pedro 5:1-4)*
   - El **Anciano** describe quién es.
   - El **Obispo** describe lo que hace.
   - El **Pastor** describe cómo lo hace.

3. Diáconos/Siervos *(Hechos 6:3, 1 Timoteo 3:8-13)*
   - Los diáconos sirven al Señor sirviendo al cuerpo de la iglesia.

 **Discusión de grupo:** Divídanse en dos grupos (uno para ancianos y otro para diáconos) y lean los versículos anteriores. Registren los requisitos de aquellos que sirven y dirigen en una iglesia. Permita que cada grupo comparta con todos los demás.

Ancianos	Diáconos

Muchos seguidores de Jesús bien intencionados creen que los pastores son los que deberían hacer la "obra del ministerio/servicio". Una lectura más cuidadosa de *Efesios 4:11-12* revela que la obra del ministerio es la responsabilidad y expectativa de **cada** creyente.

Cuatro señales de madurez: ¿**Cuáles son las características de una iglesia madura?** La iglesia tiene cuatro señales de madurez. A medida que la iglesia crece, debe responsabilizarse y apropiarse de cada una de estas áreas. Esto es comparable al proceso de un niño que se convierte en un adulto responsable de sus acciones y obligaciones.

1. **Autónoma:** Una iglesia es lo suficientemente madura para tomar decisiones según sus dos autoridades: Las Sagradas Escrituras y el Espíritu Santo. (Vea *Hechos 6:1-7* para un ejemplo.)

2. **Auto-multiplicadora:** Una iglesia madura entiende su rol en cuanto a la evangelización y formación de discípulos. Las cosas saludables tienden a crecer, reproducirse, y

multiplicarse. (Pablo animó a hacer esto en *1 Tesalonicenses 1:6-8.*)

3. **Autosustentable:** Una iglesia toma la responsabilidad y está al control de sus actividades, su alcance ministerial, y sus compromisos. (Vea *Hechos 2:44-45; 4:34-35* para ejemplos de esto.)

4. **Autorregulada:** Una apropiada comprensión y aplicación de las autoridades en la iglesia guiará a la práctica de la autocorrección. (Vea *2 Timoteo 3:16-17* para ejemplos de esto.)

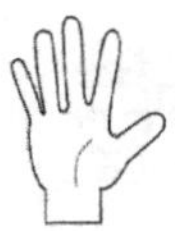 **Cinco prácticas:** ¿Cuáles son algunas de las prácticas de un cuerpo eclesial saludable?

1. **Adoración:** La expresión de amor hacia Dios por su bondad, bendiciones y fidelidad.
"¡Aleluya! Cantad a Jehovah un cántico nuevo; sea su alabanza en la congregación de los fieles" (Salmo 149:1).

2. **Comunión:** Amar al cuerpo de Cristo y sobrellevar las cargas de los demás.
"Considerémonos los unos a los otros para estimularnos al amor y a las buenas obras" (Hebreos 10:24).

3. **Discipulado:** Hacer discípulos (incluyendo el evangelismo) y enseñándoles a obedecer todo lo que Cristo ha mandado y asegurándose que esto continúe por varias generaciones.
"Por tanto, id y haced discípulos a todas las naciones, bautizándoles en el nombre del Padre, del Hijo y del Espíritu Santo, y enseñándoles que guarden todas las cosas que os he mandado. Y he aquí, yo estoy con vosotros todos los días, hasta el fin del mundo" (Mateo 28:19-20)

4. **Ministerio:** Nuestras obras de servicio hacia todos a través de acciones y actitudes.

"A fin de capacitar a los santos para la obra del ministerio, para la edificación del cuerpo de Cristo" *(Efesios 4:12)*

5. **Misión y vida llena del Espíritu:** Cuando somos llenos del Espíritu santo, nos vemos obligados a compartir la esperanza de Jesús con los demás.

"Pero recibiréis poder cuando el Espíritu Santo haya venido sobre vosotros, y me seréis testigos en Jerusalén, en toda Judea, en Samaria y hasta lo último de la tierra" *(Hechos 1:8).*

 **Principio clave:** ¡Hacemos discípulos yendo, bautizando y enseñando a otros a obedecer TODO lo que Cristo nos mandó!

 **Discusión de grupo**: Considere a la iglesia primitiva en *Hechos 2:41-47.* ¿Cuántas de las cinco funciones están trabajando en ese cuerpo de creyentes?

¿Por qué deberíamos estar conectados a un cuerpo local de creyentes?

- Necesitamos adorar, tener comunión, discipulado, responsabilidad mutua, y ánimo.
- Necesitamos obedecer el mandato de Dios: *"No dejemos de congregarnos, como algunos tienen por costumbre; más bien, exhortémonos, y con mayor razón cuando veis que el día se acerca"* *(Hebreos 10:25)*
- Necesitamos evitar desviarnos de la verdad de la Biblia.
- Necesitamos ser mentores y ser alentados. Los cristianos maduros pueden hacer el mentoreo y enseñar a los nuevos creyentes. Los nuevos creyentes, a su vez, tienen entusiasmo que es contagioso para los creyentes maduros. ¡Necesitamos tanto creyentes maduros como nuevos creyentes en el cuerpo de Cristo!

<u>**Nuestros privilegios y responsabilidades en la iglesia**</u>
El bautismo es ordenado por Jesús y consiste en cómo hacemos pública nuestra fe *(Mateo 28:19-20, Romanos 6:1-14, Hechos 2:41)*

- El bautismo fue el punto de partida del discipulado en la iglesia primitiva. Es un símbolo de nuestra fe y un aspecto central en la tarea de hacer discípulos *(Mateo 28:19-20).*

- El bautismo es una proclamación y confirmación de nuestra fe. El bautismo consiste en hacer pública nuestra fe *(Hechos 2:41).*

- Las palabras y acciones del bautismo comunican a los presentes que resucitamos a una nueva vida en Cristo Jesús *(Romanos 6:3).*

- Sabemos y sentimos que somos libres del viejo hombre muerto, y ahora vivimos una nueva vida en el poder de la resurrección *(Romanos 6:4–5).*

- El bautismo no tiene el poder para perdonar pecados. Somos salvos cuando confesamos con nuestra boca y creemos en nuestro corazón *(Romanos 10:9)*

La Cena del Señor (comunión) fue instituida por Jesús y es la forma de celebrar y recordar su sacrificio.

- Jesús personalmente estableció la comunión como un recordatorio de Su muerte y la sangre derramada por nuestro pecado *(Mateo 26:17-19, 26-30).*

- Cuando participamos de la Cena del Señor, debemos hacer memoria y dar gracias *(Isaías 53:5).*

- La Cena del Señor es un tiempo para auto-examinar nuestras acciones y fe *(1 Corintios 11:23-29).*

- La Cena del Señor es un tiempo para orar y reflexionar sobre Su vida, muerte y resurrección *(Juan 15-17)*.

El dar con sacrificio es una forma de mostrar amor y obediencia al mandato de Jesús de amar a Dios y amar a los demás.

- El ofrendar pueden incluir sacrificios de vida de una persona, metas, tiempo, habilidades y finanzas.

- El dar con sacrificio es ordenado por Dios y es una prueba de fe, amor, y obediencia del discípulo.

- Dios mandó a su pueblo en el Antiguo Testamento a dar el diezmo, diciéndoles que el diezmo le pertenece a Dios. El diezmo significa el 10 % (*Levíticos 27:30-31, Malaquías 3:8-9*).

- El dar con sacrificio proviene de un corazón agradecido y sincero. Es motivado por el amor y la entrega según lo que una persona tiene y de acuerdo a las necesidades de los demás *(2 Corintios 8:9-15)*. No podemos adorar a Dios sin presentes y ofrendas *(Hechos 2:45, 2 Corintios 9:7)*.

Modelo y práctica: Crecimiento y discipulado

En este capítulo, hemos aprendido cuán esencial es para el hacedor de discípulos ser parte de una comunidad de otros creyentes para invertir, animarse y desafiarse unos otros.

El entrenador mostrará cómo fomentar el discipulado al abordar específicamente las formas en que han visto crecer a dos o tres personas en el grupo durante el curso del entrenamiento.

Discusión de grupo: Elija a alguien que quiera honrar en el grupo y comparta cómo lo ha visto crecer durante el curso de este entrenamiento y compártalo con el grupo. Algunas de estas áreas de crecimiento podrían ser cualquiera de las siguientes:

- Devociones diarias
- Vida llena del Espíritu
- Compartir su historia
- Compartir la historia de Dios
- Discipular de manera intencional a otros (nuevos creyentes que llevó a Cristo)
- Oración

Actividad de grupo: Mientras las personas describen las maneras en que han visto crecer a otros a lo largo del entrenamiento, pase su libro (o un papel con su nombre en la parte superior) donde las personas puedan escribir una o dos características que hayan visto en cada persona.

____

____

____

____

____

____

Ahora que ha escuchado algunas de las maneras en que ha crecido durante el entrenamiento, pase tiempo en oración e invite al Espíritu Santo para que lo prepare para crecer en otras áreas. Tómese el tiempo para escribir estas áreas y luego pregúntele a su entrenador cuándo podría reunirse para evaluar específicamente su progreso en el crecimiento, desarrollo, y discipulado. Analice cómo puede mejorar y haga un plan para convertirse en un discípulo digno de multiplicarse.

También es bueno considerar qué fruto ha surgido de este entrenamiento y los planes que necesitan hacerse en el futuro. *Discípulos haciendo Discípulos - Nivel 2* puede ser una opción para algunos.

Pasos de acción para este capítulo:
- Escriba nuevas declaraciones de "Yo Voy a" en el diario de su capítulo. ¿Qué hará hoy y esta semana en respuesta a la voz de Dios?
- Obedezca el mandato de Jesús en cuanto al bautismo si aún no lo ha hecho.
- Comience a ofrendar sacrificialmente o continúe haciéndolo.
- Comience o continúe reuniéndose con aquellos que ha guiado a Cristo. Anímelos a unirse a su micro iglesia. Anímelos a obedecer el mandato de Cristo y a ser bautizados. Para aquellos que quieran y puedan, comience a entrenarlos a través de este manual.
- Continúe compartiendo su historia y la historia de Dios con al menos dos a tres personas por semana. Por ahora, se está convirtiendo en parte de su estilo de vida y es algo que puede continuar sin necesidad de que se lo recuerden. ¡El objetivo es llegar a ese punto!

Diario del capítulo

Yo Voy a: ____

____

____

____

Yo Voy a: ____

____

____

____

Yo Voy a: ____

____

____

____

Yo Voy a: ____

____

____

____

Notas:

____

____

____

____

____

____

____

____

____

____

____

¿Qué sigue?

Ahora que ha completado el libro *Discípulos haciendo Discípulos Nivel 1*, tiene nuevos creyentes en los que está invirtiendo para que se conviertan en hacedores de discípulos. Si aún no lo ha hecho, debe decidir rápidamente cómo convertir este grupo de nuevos creyentes en discípulos que hacen discípulos. Existen algunas maneras de avanzar en la relación de hacer discípulos.

Puede comenzar un Estudio Bíblico por Descubrimiento para invitar a aquellos con quienes está compartiendo y por quienes está orando para que vengan a Cristo. Puede comenzar a reunirse de manera regular con sus nuevos creyentes como una familia espiritual más pequeña bajo el estandarte y el liderazgo de su iglesia existente. Mientras permanezca alineado con la visión en común, misión y liderazgo de su iglesia existente, este grupo de nuevos creyentes puede reunirse en hogares, oficinas, clubes, cafeterías, barberías, etc.

- Cuando se reúnan, le recomendamos que tengan compañerismo, estudien las Escrituras, oren y sirvan tanto dentro como fuera del grupo en el esfuerzo por hacer discípulos que hacen discípulos. Recuerde las cinco prácticas de la iglesia en el Capítulo 9.

- Le recomendamos que continúe invirtiendo en su relación con su Centro de Entrenamiento y comience con el libro *Discípulos haciendo Discípulos Nivel 2*. Este le ayudará enormemente a medida que avanza en su recorrido de discipulado y le proporcionará una guía y un marco para desarrollar su nueva y creciente familia espiritual en la reproducción de hacedores de discípulos.

Como alternativa, puede optar por seguir discipulando a los nuevos creyentes como miembros de una iglesia existente.

Discipulando a nuevos creyentes

Las siguientes páginas incluyen los puntos principales de cada capítulo de este libro. Sirve como una guía de campo para ayudar a los nuevos creyentes a convertirse en hacedores de discípulos.

Los resúmenes de los capítulos son un modelo simple a seguir cuando se reúnan. Los objetivos para los nuevos creyentes son un modo simple de resaltar y seguir el progreso del proceso de hacer discípulos.

¡Le recomendamos que se reúna frecuentemente con sus nuevos creyentes y estimule una obediencia a Cristo simple y amorosa, como la de un niño! También puede ayudarlos a identificar de inmediato a las personas con quienes pueden compartir el Evangelio (como lo hizo con ellos).

Metas de Desarrollo de Discípulos para nuevos creyentes	Sí	Aún no
Bautismo		
Fruto espiritual		
Comprende su identidad en Cristo		
Obediencia a las Escrituras		
Vida llena del Espíritu		
Devocionales diarios y "alimentarse por sí mismo"		
Se siente a gusto compartiendo "Mi historia"		
Se siente a gusto compartiendo "La historia de Dios"		
Entrenando a otros		
Caminatas de Oración		
Involucrado en una iglesia local o en un grupo de EBD		
Ofrendando sacrificialmente		

Resúmenes de capítulos

A medida que avanza en el entrenamiento para convertirse en un discípulo que hace discípulos, ¡comenzará a hacer discípulos! Las lecciones y principios que está aprendiendo en su entrenamiento deben transmitirse a la siguiente generación de hacedores de discípulos.

Si bien es posible que no se sienta preparado para entrenar a otros a través de este libro, es esencial que comience a entrenar a aquellos que han tomado la decisión de seguir a Cristo. **Recuerde: Todo el Entrenamiento es para entrenadores.**

Las siguientes páginas contienen las mismas metas de entrenamiento, resultados esperados, y lecciones de modelo y práctica que ha visto a lo largo de su propio entrenamiento. Con el fin de brindar a los que está entrenando una base sólida de conocimiento y aplicación, también se incluyen los resúmenes de los principales puntos de enseñanza y los pasos de acción claves. Repase estos resúmenes de capítulos a medida que comienza a entrenar a nuevos creyentes para que se conviertan en discípulos que hacen discípulos.

Capítulo 1 – La vida cristiana llena del Espíritu

Meta de entrenamiento: La meta del entrenador es inculcar en cada hacedor de discípulos la pasión de buscar a diario una vida llena del Espíritu (desatando e izando sus velas).

Resultado esperado: Cada hacedor de discípulos experimentará una vida llena del Espíritu (desatando e izando sus velas diariamente).

Modelo y práctica: Demuestre cómo desatar e izar sus velas. Comparta un ejemplo específico de cuando Dios usó un pequeño acto de fe (izando su vela) para logar un asombroso encuentro con alguien que estaba siendo conducido a Jesús.

Pasajes claves:

1. **Jesús envió al Espíritu Santo para nuestro beneficio** *(Juan 14:16-17)*

2. **Podemos ser llenos del Espíritu Santo** *(Efesios 5:18)*

3. **El Espíritu Santo nos ayuda a contarles a otros acerca de Jesús** *(Hechos 1:8)*

Paso de acción: Comience cada día pidiendo al Espíritu Santo que lo llene y tome el control de su vida. Es posible que necesite pedirle que lo llene varias veces a lo largo del día.

Capítulo 2 – Mi historia

Meta de entrenamiento: La meta del entrenador es equipar y motivar a cada hacedor de discípulo para que reconozca y responda en obediencia a las oportunidades que Dios les da para compartir su historia. (La cosecha es abundante.)

Resultado esperado: Cada hacedor de discípulos compartirá regularmente su historia de cómo Jesús cambió su vida con personas donde vive, trabaja, estudia, compra y juega.

Modelo y práctica: Demuestre cómo compartir la historia sobre cómo Jesús cambió su vida. Muestre cómo iniciar una conversación espiritual utilizando preguntas y "momentos decisivos". Todos los demás también deberían practicar escribiendo y contando su historia, de manera individual y en grupos pequeños. ¡Dé a todos la oportunidad de compartir!

Su historia es única y un poderoso instrumento para contarles a otros acerca de Jesús. Generalmente una historia tiene tres partes:
1. Cómo era mi vida antes de creer en Cristo
2. Cómo llegué a conocer a Cristo
3. Cómo ha cambiado mi vida después de conocer a Cristo

Principio clave: Cada creyente es un discípulo, y cada discípulo es llamado a ser un hacedor de discípulos.

Pasajes claves:
1. **Todo creyente está llamado a hacer discípulos**
   (Mateo 28:19-20)

2. **Todo creyente está llamado a amar a Dios y amar a los demás** *(Mateo 22:34-40)*

Paso de acción: Comparta su historia con una persona de su lista o con un pre-cristiano en esta semana.

Capítulo 3 – La historia de Dios

Meta de entrenamiento: La meta del entrenador es equipar y capacitar a cada hacedor de discípulo para compartir con eficacia la historia de Dios.

Resultado esperado: Cada hacedor de discípulos hará discípulos compartiendo regularmente la Historia de Dios donde vive, trabaja, estudia, compra y juega.

Modelo y práctica: Presente el Evangelio compartiendo la historia de Dios, utilizando los 3 Círculos y la Ilustración del Puente. Muestre cómo dominar las tres transiciones cruciales para llevar a alguien a Cristo.

La historia de Dios a veces es llamada el Evangelio. Ella nos dice cómo tener una relación con Dios a través de su Hijo, Jesús.

Principio clave: Porque de tal manera amó Dios al mundo, que ha dado a su Hijo unigénito, para que todo aquel que en él cree no se pierda, mas tenga vida eterna (*Juan 3:16*).

Pasajes claves:
6. *"Porque todos pecaron y no alcanzan la gloria de Dios" (Romanos 3:23).*
7. *"Pero Dios demuestra su amor para con nosotros, en que siendo aún pecadores, Cristo murió por nosotros" (Romanos 5:8).*
8. *"Si confiesas con tu boca que Jesús es el Señor, y si crees en tu corazón que Dios le levantó de entre los muertos, serás salvo" (Romanos 10:9).*

Paso de acción: Comparta la historia de Dios con una persona de su lista o con un pre-cristiano.

Capítulo 4 – Nueva identidad y seguridad de salvación

Meta de entrenamiento: La meta del entrenador es brindar a cada hacedor de discípulo una perspectiva bíblica de su identidad en Cristo y cómo verse a sí mismos como Dios los ve.

Resultado esperado: Cada hacedor de discípulos se mantendrá firme en la seguridad de su salvación, que solo Cristo es suficiente.

Modelo y práctica: Dé ejemplos personales de cómo ha superado las tentaciones, los fracasos, los miedos, y las dificultades como resultado de comprender su nueva identidad en Cristo.

Principio clave: ¡Si ha confiado en Jesús para ser su Salvador y Señor, entonces ha recibido la vida eterna! ¡Es un Ciudadano del Reino! ¡Su servicio al Rey comienza aquí y ahora!

Pasajes claves:

1. **El camino hacia la vida eternal es a través de Jesús** *(1 Juan 5:11-13)*

2. **El camino de la salvación es la fe en Jesús** *(Juan 14:6).*

3. **Su nueva identidad** *(2 Corintios 5:17).*

4. **Su seguridad de salvación** *(1 Juan 1:7-9).*

Paso de acción: Intente memorizar al menos uno de los pasajes claves.

Capítulo 5 – Viviendo una vida de oración

Meta de entrenamiento: La meta del entrenador es inspirar a cada hacedor de discípulo a buscar fervientemente una relación más profunda con Dios haciendo de la oración una prioridad durante su día.

Resultado esperado: Cada hacedor de discípulos experimentará una vida saludable de oración dirigida por el Espíritu Santo y la Palabra de Dios.

Modelo y práctica: Demuestre cómo usar la rueda de oración como modelo para el tiempo personal de oración diaria.

La oración es "hablar" con Dios, "oír" a Dios y "escuchar" de Dios. Jesús dio un ejemplo simple a seguir cuando oramos.

Principio clave: Escuche y hable con Dios durante todo el día *(1 Tesalonicenses 5: 16-18).*

Pasaje clave: La oración del Señor *(Mateo 6:9-13)*
1. **Hable con Dios como lo haría un niño con su Padre** *(Mateo 6:9).*
2. **Adórele y alábele** *(Mateo 6:9).*
3. **Ore para que Jesús enderece el mundo y regrese pronto** *(Mateo 6:10).*
4. **Enfóquese en avanzar Su Reino** *(Mateo 6:10).*
5. **Pídale que le guíe y sea el Maestro de su vida** *(Mateo 6:10).*
6. **Pídale que satisfaga sus necesidades y también de otros que conoce** *(Mateo 6:11).*
7. **Confiésele sus pecados y perdone a aquellos que usted no ha perdonado** *(Mateo 6:12).*
8. **Pida por protección y victoria sobre la tentación y el pecado** *(Mateo 6:13).*

Paso de acción: Hagan la oración del Señor 7 minutos al día, 7 días a la semana, por 7 personas.

Capítulo 6 – Devociones diarias

Meta de entrenamiento: La meta del entrenador es fomentar el hambre en cada hacedor de discípulo al estudiar la Palabra de Dios, poder discernir su voz, y aplicarla a su vida.

Resultado esperado: Cada hacedor de discípulos leerá y estudiará fielmente la Palabra de Dios para discernir mejor Su voz y tener el valor de obedecer todo lo que Dios diga.

Modelo y práctica: Dé el modelo de cómo hacer un estudio bíblico personal para que todos vean cómo hacerlo. Practiquen juntos.

Para conocer realmente a una persona, usted necesita tener un contacto regular con esa persona. Si quiere tener una relación cercana con Dios, es de ayuda establecer un tiempo diario **sólo para Dios** — a esto se le llama "devociones diarias".

Principio clave: El propósito principal de las devociones diarias es conocer y adorar a Dios y responder en obediencia a lo que dice Su Palabra y Espíritu.

Pasajes claves:

1. **Busque a Dios como una prioridad en su vida** *(Mateo 6:33).*

2. **Confíe en Dios y confíe en Él para guiarle** *(Proverbios 3:5-6).*

Paso de acción: Identifique un tiempo y lugar constante y específico para las devociones diarias. ¿Quién le hará responsable? Descargue la aplicación YouVersion e identifique un plan de lectura de la Biblia.

Capítulo 7 – Aprendiendo a alimentarse

Meta de entrenamiento: La meta del entrenador es mostrar a cada hacedor de discípulo cómo crear una rutina diaria para pasar tiempo en la Palabra de Dios, escuchar su voz, y obedecer inmediatamente lo que Él dijo.

Resultado esperado: Cada hacedor de discípulos dedicará tiempo todos los días para pasar con Dios, esto incluye la lectura de su Palabra, la oración y responder en obediencia.

Modelo y práctica: Realice una demostración de cómo hacen sus propias devociones diarias. Anime a los que discipula a practicar en esta semana.

Un recién nacido confía en su madre para ser alimentado, pero luego debe aprender a alimentarse. De la misma forma, los cristianos deben aprender a alimentarse. Esto se puede hacer a través del estudio bíblico personal.

Principio y pasaje claves: Cada creyente debe aprender a crecer en su entendiendo, confianza, y obediencia a la Palabra de Dios *(2 Timoteo 3:16).*

1. **Escritura:** Copie el pasaje palabra por palabra – exactamente como está escrito en la Biblia.
2. **Mis propias palabras:** Reescriba el pasaje en sus propias palabras.
3. **Yo voy a:** Pida al Espíritu Santo que le revele las cosas que necesita añadir a su vida, alejar de su vida, o cambiar en su vida para obedecer este pasaje. **¡Sea específico!**
4. **Orar y compartir:** Reflexione en oración sobre quién necesita oír las verdades que Dios le ha revelado a usted. Comparta sus declaraciones de "Yo Voy a" y responsabilícense mutuamente. Busque oportunidades para compartir con otros lo que Dios dijo.

Paso de acción: Practique cada día el método del estudio bíblico personal. Cumpla con todas sus declaraciones de "Yo Voy a", y comparta con una persona de su lista o pre-cristiano.

Capítulo 8 – Descubriendo la Biblia

Meta de entrenamiento: La meta del entrenador es explicar el valor de entrenar a la siguiente generación al equipar a cada hacedor de discípulo para que dirija con confianza un Estudio Bíblico por descubrimiento.

Resultado esperado: Cada hacedor de discípulos reunirá a un grupo de nuevos creyentes o "pre-cristianos" para guiarlos a través de un Estudio Bíblico por descubrimiento para que puedan comenzar a leer la Palabra de Dios, escuchar su voz, y responder en obediencia.

Modelo y práctica: Demuestre cómo dirigir un Estudio Bíblico por descubrimiento en grupo. Anime a sus discípulos a que practiquen cómo liderar uno en esta semana.

El Estudio Bíblico por descubrimiento es un método simple, pero efectivo, para leer y estudiar la Biblia en un contexto grupal. Al usar el método EBD, los cristianos y los pre-cristianos pueden leer juntos las Escrituras para aprender acerca de Dios y su carácter.

El Estudio Bíblico por descubrimiento da prioridad a la lectura de las Escrituras y la discusión en torno a preguntas guiadas que llegan al corazón del pasaje y fomentan la obediencia práctica y el cambio de vida. A medida que el proceso es guiado por la dirección del Espíritu Santo, se nos da la oportunidad de escuchar lo que Dios realmente quiere comunicarnos.

Principio clave: Al participar en un Estudio Bíblico por descubrimiento, podemos crecer en nuestra relación con Dios y ser animados mutuamente por el cuerpo de Cristo.

Pasaje clave:

La Palabra de Dios es viva y activa *(Hebreos 4:12).*

Pasos de acción: Considere, en oración, comenzar un Estudio Bíblico por descubrimiento. Si comienza un Estudio Bíblico por descubrimiento, invite a cualquier persona con quien comparta su historia o la historia de Dios. Hable con alguien más en su Centro de Entrenamiento acerca de cómo comenzar un grupo y entonces multiplicar más tarde a medida que el grupo crece.

Capítulo 9 – Dios nuestro Padre Celestial

Meta de entrenamiento: La meta del entrenador es ayudar a cada hacedor de discípulo a tener un entendimiento bíblico de Dios y cómo pueden responder mejor a cada situación en su vida.

Resultado esperado: Cada hacedor de discípulos tomará decisiones y hará elecciones basadas en una comprensión bíblica de quién es Dios y cómo es Él.

Modelo y práctica: Tómese el tiempo para explicar de qué manera la comprensión bíblica de quién es Dios y sus atributos afectan la forma en que el hacedor de discípulos responderá a las diferentes situaciones y circunstancias de la vida.

Principio clave: Dios es su Padre celestial y lo ama incondicionalmente.

Dios es:

1. **Omnipotente**: todopoderoso.
2. **Omnipresente**: siempre presente/capaz de estar en todas partes al mismo tiempo.
3. **Omnisciente**: que todo lo sabe.
4. **Omnibenevolente**: todo amoroso.

Nuestro Padre Celestial:

1. **Nuestro Padre Celestial ama** *(Romanos 5:8).*
2. **Nuestro Padre Celestial protege** *(2 Reyes 6:15-18).*
3. **Nuestro Padre Celestial provee** *(Filipenses 4:19).*
4. **Nuestro Padre Celestial disciplina** *(Hebreos 12:6-7).*

Paso de acción: Comparta sobre su Padre Celestial y su amor con una persona de su lista o un pre-cristiano en esta semana.

Capítulo 10 – Vida en la Iglesia

Meta de entrenamiento: La meta del entrenador es animar a cada hacedor de discípulo a comprometerse a vivir en la misión y participar de un cuerpo local de creyentes.

Resultado esperado: Cada hacedor de discípulos se convertirá en un participante activo de un cuerpo local de creyentes comprometidos con los propósitos de Cristo y su iglesia.

Modelo y práctica: Demuestre cómo fomentar el discipulado y la participación activa en un cuerpo local de creyentes al abordar específicamente las formas en que han visto crecer a dos o tres personas en el grupo durante el curso del entrenamiento.

Principio clave: Una familia espiritual - con Cristo al centro como su Rey- ama a Dios, ama a los demás, y multiplica discípulos.

Pasajes claves:
1. **El bautismo es ordenado por Jesús y es cómo hacemos pública nuestra fe** *(Mateo 28:19-20; Romanos 6:1-14; Hechos 2:41)*.

2. **La Cena del Señor (comunión) fue instituida por Jesús y es la forma de celebrar y recordar su sacrificio** *(Mateo 26:17-19, 26-30)*.

3. **El dar con sacrificio es una forma de mostrar amor y obediencia al mandato de Jesús de amar a Dios y amar a los demás** *(Hechos 2:42-47; 2 Corintios 9:7)*.

Paso de acción: Únase a un cuerpo local de creyentes, y experimente el bautismo si aún no ha sido bautizado. Comience o continúe hablando de la cena del Señor y las ofrendas.